Para

Com votos de muita paz e luz.

/ /

Renovando Atitudes

MasterBooks

MasterBooks
6136 NW 53rd Circle, Coral Springs, FL 33067
Email: Masterbooks@masterbooksus.com
Contact@masterbooksus.com
Para maiores informações, entre em contato com a MasterBooks pelo telefone 1-954-850-0802

Impresso nos Estados Unidos da América

Revisão
Jaqueline Antoun
Capa e projeto gráfico de miolo
André Stenico
Imagens de capa:
Depositphotos.com

Catalogação elaborada na editora
Irmana, Claudete (espírito)
Renovando atitudes / Alvaro José (espírito);
psicografia de Umberto Fabbri. - Coral Springs, FL :
MasterBooks, 2022.
240 p.
ISBN 9798844245879
1. Romance mediúnico. 2. Espiritismo. 3. Obra Mediúnica.
I. Título.
CDD 133.93

UMBERTO FABBRI

CLAUDETE IRMANA

Renovando Atitudes

Sumário

Prefácio

Dedicação e persistência era como eu encarava as condições decisivas para uma carreira bem-sucedida. Obviamente que esses são recursos de importância capital para tal desiderato e, voltada totalmente para alcançar resultados que superassem meus concorrentes, coloquei-me por completa nesse encalço.

Não poderia negar que os resultados começaram a surgir em prazo razoável segundo as minhas expectativas. No entanto, deixei-me envolver de tal maneira, que os itens mais simples da vida, como também os mais importantes, passaram ao largo.

Saúde, relacionamentos com familiares, amigos e parentes, horas necessárias para o repouso, uma alimentação condizente e todos os demais cuidados de uma existência, incluindo aí os aspectos da nossa realidade como Espíritos que somos, ficaram esquecidos, até que eu fosse surpreendida pela visita inexorável da morte.

Desconhecedora de qualquer ponto relativo à espiritualização do ser, passei a vagar mentalmente sobre a importância da continuidade do meu trabalho, sem me dar conta que as atividades colocadas em primeiríssimo plano já não faziam mais parte da vida que continuava, sem que eu pudesse entendê-la adequadamente.

Contudo, como a misericórdia do Criador atua por intermédio das Suas próprias criaturas, fui socorrida por mãos amigas, que até hoje labutam em meu favor, sendo companhias caridosas que velam para o meu sucesso, não mais como uma fascinada, mas sim como um Espírito que simplesmente precisa reconhecer e exercitar os valores construtivos do relacionamento.

Sinceramente, espero que a minha experiência possa servir como mais um simples estímulo a você, amigo/a leitor/a, a sair como vencedor/a de seus projetos de crescimento, não apenas no campo ao qual se dediquem no momento, mas também, dentro da inalterável posição de sermos Espíritos e necessitarmos da prática do amor, para nos tornarmos completos.

Claudete Irmana

CAPÍTULO 1

Desagradável experiência

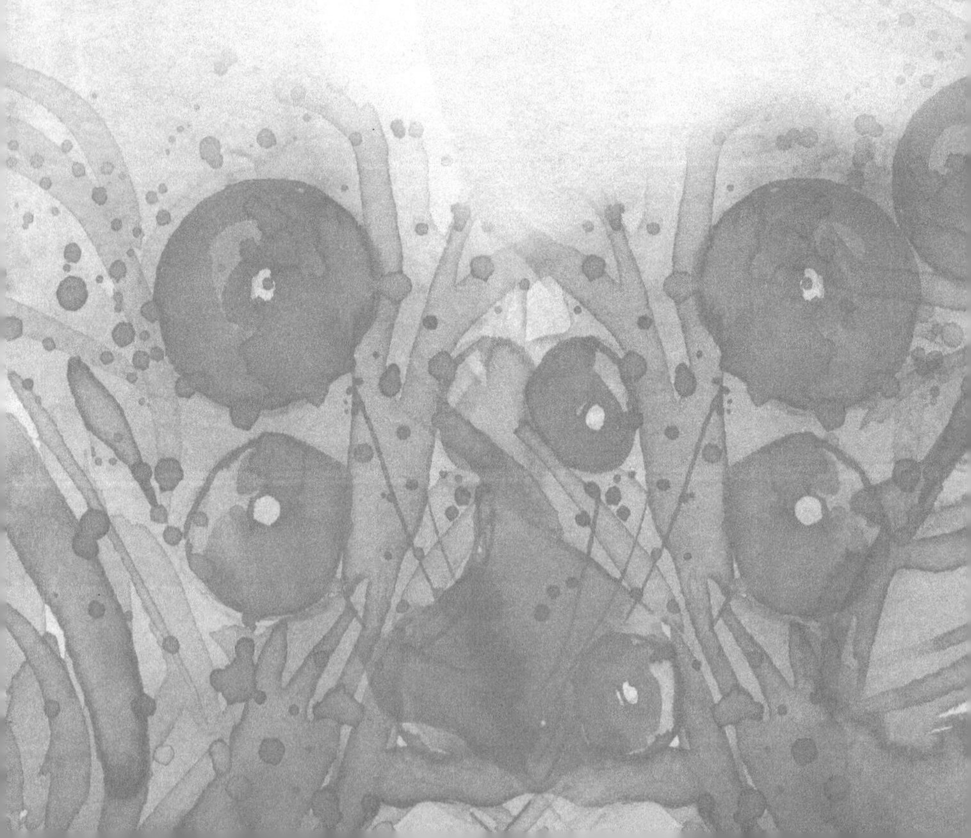

Levantei-me de um sobressalto, percebendo pela claridade em meu quarto já ser dia alto para mim, habituada a chegar no meu escritório por volta de oito horas.

Conferi no relógio de cabeceira e constatei o meu atraso, pois ele marcava alguns minutos próximo das nove e minha agenda estava lotada naquele dia de quarta-feira, onde os meus clientes tinham um grau de exigência muito semelhante ao meu nos processos sob a minha gestão.

Advogada formada em direito comercial, possuindo muita experiência na área, eu realizara o meu sonho de conduzir-me por conta própria já fazia mais de quatro anos e, muitos dos clientes que eu atendia hoje, foram conquistados pela minha eficiência e dos meus dois colegas de trabalho - advogados também -, com uma boa performance, conforme meu alto nível de exigência.

Para que eu não gastasse um tempo excessivo no trânsito da cidade, por tratar-se de uma megalópole, oferendo os problemas sempre insolúveis neste particular, preferi alugar, com proposta de compra no decorrer do contrato, um bom espaço em edifício comercial que houvera sido inaugurado mais recentemente e distava a dez minutos de caminhada do meu apartamento.

Já estressada pelo atraso inconcebível, vesti-me o mais rápido que pude e dirigi-me apressadíssima ao escritório e, chegando ao edifício, pela demora do elevador, resolvi usar as escadas por ter apenas cinco andares a serem vencidos.

Cheguei esbaforida e, estranhamente, a porta de vidro da entrada do meu conjunto encontrava-se destrancada, apesar das minhas recomendações feitas para a nossa recepcionista que somente abrisse depois que a pessoa esperada anunciasse a sua presença através do interfone, instalado para a nossa segurança.

Algo que me contrariou ainda mais, foi o fato dela não estar em seu posto e, ao avançar em direção à minha sala, notei que a nossa secretária não se encontrava, além dos meus dois colegas, incluindo até mesmo o contínuo. Todos sem exceção, e por alguma razão, estavam atrasados, pois em suas mesas a arrumação do dia anterior estava perfeita, porque o meu nível de exigência para a apresentação aos nossos clientes era deixar o nosso material de trabalho de uso contínuo arrumado, fosse ele o qual fosse, e os processos devidamente arquivados e trancados à chave em nossos pesados arquivos.

Tudo estava em excelente estado, provando então que não somente eu me atrasara, mas algo ocorrera para que todos estivessem na mesma condição.

Como eu estimulava para melhor locomoção deles a carona solidária, o trânsito infernal era o responsável por aquilo que eu considerava um desastre, e tão logo pudesse, naquele dia mesmo, eu faria algumas observações adequadas a todos, porque em sabendo da pontualidade, deveriam estar mais atentos e saírem mais cedo de suas casas, afinal, eu não dirigia uma instituição de caridade e sim um negócio.

Mas era necessário preparar-me adequadamente e lancei mão dos processos em que estava trabalhando, enfiando-me literalmente de cabeça neles, conforme eu costumava fazer, porque a minha primeira reunião havia sido marcada para as onze horas.

Passados alguns minutos, comecei a olhar para o relógio e pelo meu mal humor, contrariada como me encontrava, os ponteiros pareciam não se mexer, e nenhum dos funcionários mostrava-se preocupado em estar tão atrasado, não se importando de alguma forma em estacionar o veículo que utilizava e ligar para mim, informando o que poderia estar ocorrendo, pois telefones públicos eram espalhados em quantidade suficiente pelas ruas da cidade.

Irritei-me de tal forma que em um acesso cheguei a lançar para longe alguns papéis e objetos que ficavam sobre a mesa, como grampeador, canetas e lápis, que voaram junto com um dos processos em direção à parede revestida de madeira, produzindo um grande estrondo.

Pelo meu estado, apesar das recomendações médicas em relação à minha fragilidade cardíaca, senti uma pontada no tórax, que me lançou no encosto da minha cadeira, fazendo a minha respiração de imediato tornar-se ofegante, obrigando-me a relaxar por uns instantes, mas, na sequência, passei a ver toda a minha sala girar, e por mais que tentasse reagir, notei que iria perder a consciência, o que fez aumentar o pânico, que me invadiu tão rapidamente, que em fração de segundos tudo desapareceu diante dos meus olhos.

CAPÍTULO 2

Irritação

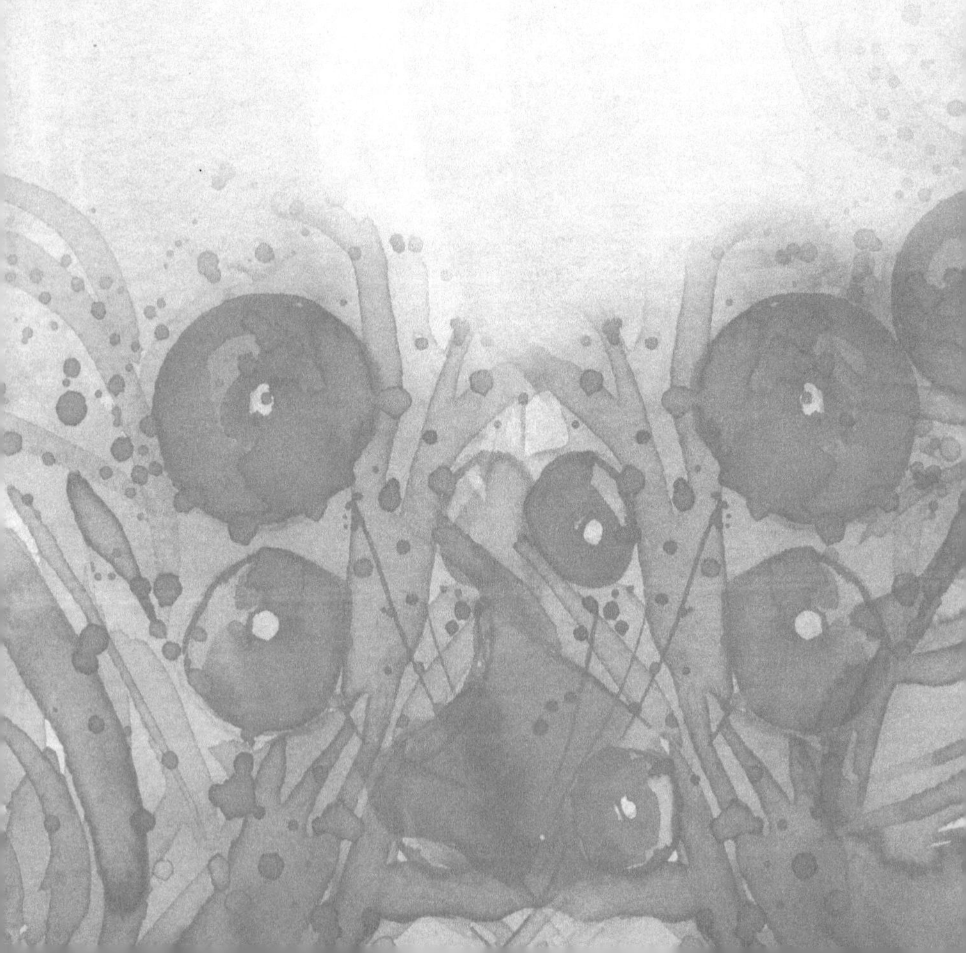

Quando retomei a consciência, vi-me estirada no piso gelado do escritório, e talvez tenha sido isso que me fez voltar tão rapidamente.

Antes de me levantar, ocorreu-me a ideia de analisar se a queda da minha cadeira não houvera produzido algum ferimento. Fui apalmando o meu corpo, procurando algo que denunciasse uma ocorrência, e senti-me feliz em constatar que nada se passara com ossos e principalmente com o meu crânio.

Levantei-me com muita calma e ao sentar-me novamente em minha poltrona, verifiquei o relógio sobre a mesa, confirmando que eu ficara não mais que um minuto ou dois naquela situação desagradável.

Estranhamente ou por não haver prestado a devida atenção, os ponteiros pareciam não ter se movido desde praticamente a minha chegada.

Chequei o relógio e conferi se o funcionamento estava adequado, dando corda até o final. E levantando-me para pegar o processo e o material espalhado pela sala, fui verificar o relógio na mesa da secretária, confirmando estar marcando praticamente o mesmo horário do meu.

Aliás, todas as mesas sem exceção, incluindo a pequena instalada na recepção, possuíam um, por menor que fosse, para que o tempo pudesse ser valorizado, porque ele simbolizava qualidade no atendimento e obviamente como o velho jargão já dizia, ele era dinheiro.

Voltei para a minha sala procurando me acalmar, porque o atraso e a displicência dos meus funcionários em não me informar o que estava acontecendo não poderia me levar mais uma vez a uma situação comprometedora, agredindo a minha saúde.

Lembrei-me em seguida que não houvera tomado o meu medicamento para a pressão, que precisava ser controlada, por estar ela lá pelas nuvens quando do início do tratamento na primeira consulta com o cardiologista.

Fora isso, muito provavelmente o que acontecera quanto aos meus nervos abalados e o desmaio, era a quantidade de trabalho e, assim sendo, o facultativo teria que esperar uma melhor hora para ser visitado, uma daquelas que nunca chegaria com certeza.

Em alguns instantes, pensei mesmo em estar sendo displicente com a minha saúde, pois aos trinta e cinco de idade, eu sabia que teria muitas décadas de vida pela frente, precisando ser talvez um pouco mais cuidadosa.

Sem perder tempo, engoli o remédio a seco mesmo e ajeitei com o cuidado extremado de sempre o material de trabalho na minha mesa, então sentei-me mais uma vez, conferindo a hora, que parecia não passar - e se tivesse, muito provável ter sido no máximo quinze minutos.

Outra vez a irritação envolveu-me como se fosse de forma automática, porque ainda não havia recebido nenhuma notícia do meu pessoal. Tirei o telefone do gancho para conferir também se estava funcionando regularmente e o sinal de linha se fez de imediato.

Comecei a entabular o que eu diria para todos pelo absurdo do atraso e chegaria mesmo a ameaçar que se isso voltasse a acontecer, eu não teria qualquer dúvida em convidar alguns dos funcionários a procurar um novo local para trabalhar.

Mas como eu não podia perder mais tempo, porque a reunião das onze era com um dos mais importantes clientes, voltei a atenção total nos textos que utilizaria como proposta de uma de suas muitas solicitações.

CAPÍTULO 3

Pedidos de socorro

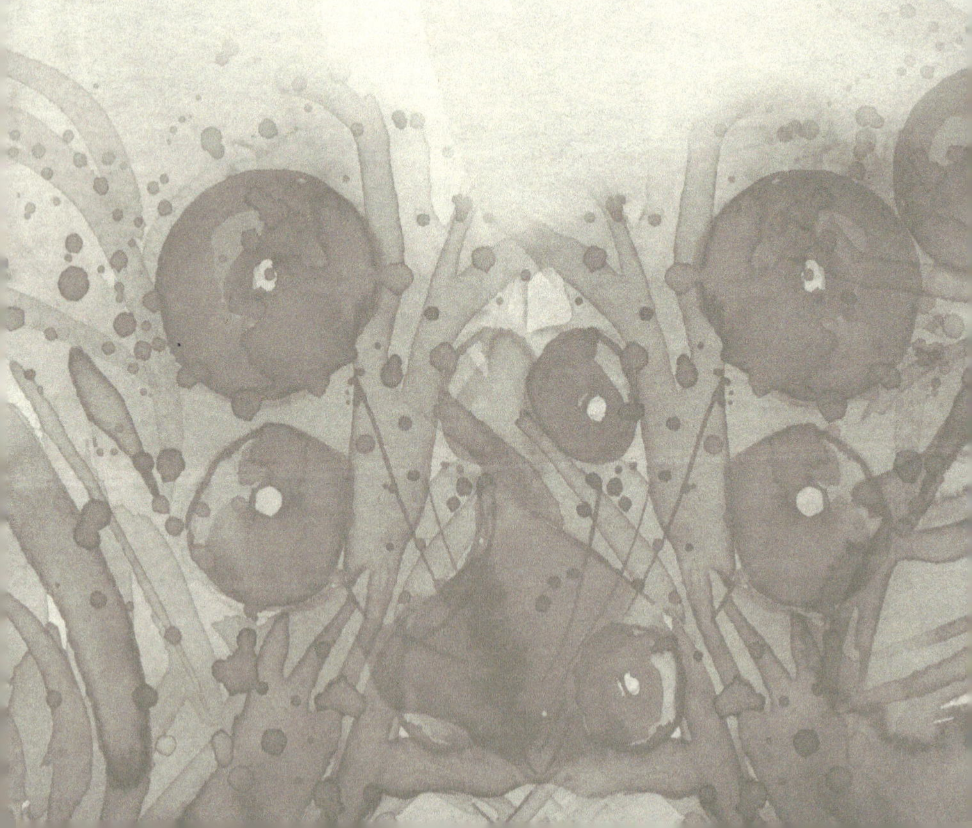

Mal havia reiniciado o meu trabalho e, de maneira automática, olhei mais uma vez para o relógio e fiquei estupefata. Por alguma razão os ponteiros haviam dado um salto e marcavam exatamente meio-dia.

Minha cabeça pareceu girar novamente, porque não só era impossível a ocorrência, por eu mal ter reiniciado as minhas atividades, como também, até aquele momento, nenhum dos funcionários havia aparecido ou dado qualquer notícia do que poderia estar ocorrendo com todos eles.

Como se não bastasse tamanha loucura, sequer o meu mais importante cliente havia comparecido à reunião, que ele preferira marcar em meu escritório, ou mesmo telefonado para avisar-me do atraso ou o possível cancelamento por alguma razão de caráter pessoal.

Saltei da minha poltrona de trabalho como um felino para confirmar a hora nos outros relógios e, para o meu completo desespero, todos marcavam exatamente o mesmo horário, idêntico àquele que se encontrava sobre a minha mesa.

Mais estranho fora eu ter me esquecido naquela manhã apressada e atrasada o meu relógio de pulso, apesar da completa e verdadeira fixação com o tempo.

Uma crise de raiva se abateu sobre mim, e retornando até a minha mesa de trabalho, chequei o telefone para mais uma vez notar que funcionava perfeitamente. Em desespero, fui até os outros aparelhos distribuídos pelo escritório e, sem exceção, ao tirá-los do gancho, o sinal de linha surgia pleno e automático.

Não resisti mais àquela tortura e em um deles, passei com o fone a martelar o aparelho fazendo que pedaços dele voassem por todos os cantos. Porta canetas, furadores, grampeadores e qualquer outro material de escritório que estavam à minha frente, passaram a voar em seguida, rumo à parede mais próxima.

Em resposta à perda total de controle, a dor no meu tórax surgiu mais uma vez, porém, diferentemente da outra, esta foi lancinante, dando-me a impressão que um objeto afiadíssimo separava o meu músculo cardíaco em dois.

A respiração se tornou difícil e acreditei estar sofrendo um infarto seríssimo, contudo, sem qualquer condição de ser socorrida por me encontrar completamente só no ambiente.

Lancei-me como pude na cadeira que se encontrava praticamente ao meu lado, mas por ser ela aquelas que possuem pés giratórios, ela movimentou-se bruscamente e terminei mais uma vez indo parar no piso gélido do escritório.

Todavia, apesar da tremenda queda, não perdi a consciência como ocorrera na primeira vez, mas, estirada como me encontrava, passei a maldizer a todos aqueles incompetentes que haviam literalmente abandonado os seus compromissos.

Diante de tão acentuado problema, quem haveria de me socorrer?

Para aumentar a angústia, as minhas forças começaram a me faltar de forma tão intensa, que a crença na possibilidade real do infarto serviu para abater-me mentalmente ainda mais. Contudo, com a fibra que me era própria, resolvi arrastar-me até uma outra mesa para alcançar o telefone.

Consegui puxá-lo pelo fio rumo ao chão, onde me encontrava em estado tão lamentável, e procurei digitar o número da portaria do edifício, sendo surpreendida por algo inusitado: o som de linha continuava como se nada houvesse ocorrido, apesar da digitação.

Respirei profundamente, buscando trazer um pouco de calma para a minha segunda tentativa, porém, desta vez, acionaria o serviço de emergência, que sabidamente enviaria uma ambulância para o resgate devido.

Tentativa em vão, porque a ocorrência se repetiu, forçando-me a rastejar até outra mesa, para mais uma vez ter frustrada a operação. Todos os telefones deveriam estar em pane por problema na região, comprovando a ineficiência desse serviço em nossa cidade.

Jamais me imaginaria entrar em pânico, mas foi isso o que ocorreu, fazendo que uma cachoeira de lágrimas me inundasse o rosto, e como uma desesperada, passei a unir as minhas forças para iniciar os repetidos pedidos de socorro.

CAPÍTULO 4

Todos somos irmãos

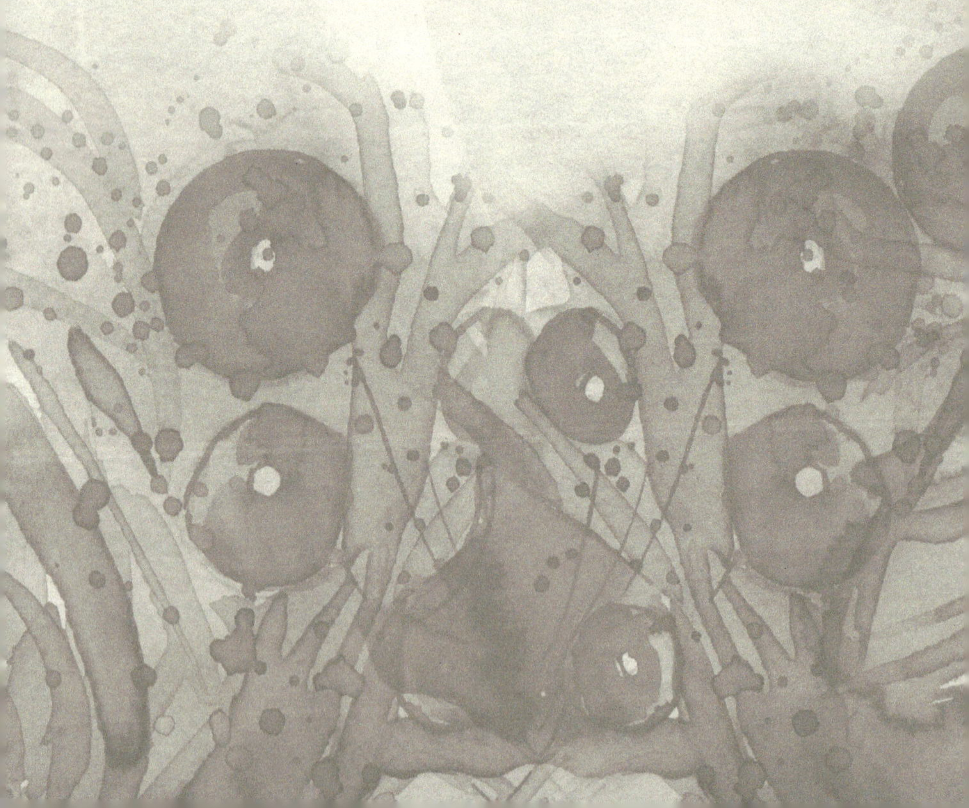

— Claudete?! Claudete?!

Um raio de esperança se fez ao ouvir o meu nome, e procurando enxugar como pude as lágrimas que me tomavam por completo a visão, pude constatar a presença de dois médicos, ou enfermeiros, sendo que um deles muito mais jovem que o outro, era quem exatamente me chamava pelo nome.

Apesar das dores lancinantes no meu tórax e a debilidade acentuada que se fizera, procurei tomar maior consciência, conforme as condições que me eram oferecidas, e questionei com certa dificuldade:

— São do serviço de emergência?

— Exatamente! - Respondeu o mais jovem, cujo rosto se assemelhava ao do César, meu irmão caçula, que falecera há vinte anos, quando alcançara os dez de idade, sendo vitimado pela leucemia.

Renovei o esforço e disse

— Meu Deus, você é a cara do meu irmão, um pouco mais envelhecido...

Não pude continuar pela própria debilidade em si, e por recomendação do enfermeiro ou médico mais idoso, que orientou:

– Poupe-se, Claudete. Haverá tempo suficiente, depois de aplicada a terapia de emergência, para que ocorra os devidos esclarecimentos. Contudo, diante de Deus, não nos esqueçamos que todos nós somos irmãos.

Como últimas imagens, me vi colocada em uma maca com rodas, cujo aquecimento agradável devido à manta que me envolveu permitiu ainda que eu olhasse para a mesa ao lado onde eu houvera tido a minha última crise, e por absurdo que poderia parecer, o telefone que fora despedaçado e demais objetos, continuavam intactos.

Sem que eu tivesse tempo para refletir a respeito de circunstância tão insólita, adormeci pesadamente.

Não saberia informar o tempo em que estive em completa inconsciência, porém, quando comecei a abrir os meus olhos, pude notar que eu me encontrava em um hospital, provavelmente numa UTI, pelos equipamentos sofisticados que lá estavam instalados, sendo que dois deles se posicionavam ao lado do meu leito, que pela simples comparação, pareciam ser dois pequenos aparelhos de televisão, completamente desconhecidos por mim em virtude do tamanho e sutileza de suas montagens.

Movimentando a minha cabeça para um lado e outro, pude constatar outros leitos isolados do meu por uma película semitransparente, dando-me a certeza que se tratava de um amplo ambiente.

Não precisei aguardar mais do que alguns segundos para ter nos pés da minha cama a presença daquele mesmo senhor que me atendera juntamente com o médico ou enfermeiro mais jovem. Com um amplo e tranquilizador sorriso, ele expressou com certeza:

— Vejo que você está sentindo-se bem.

Não precisei fazer muito esforço para responder, percebendo que alguma medicação anestésica retirara a dor no meu tórax, dando-me a possibilidade em articular as palavras livremente.

— Sim, estou melhor. Poderia afirmar que praticamente recuperada, apesar do susto.

— Que ótimo, Claudete. Meu nome é Otto e sou o médico responsável desta unidade assistencial. Fico feliz pelo seu quadro lúcido tal qual se apresenta.

— Doutor, há quanto tempo me encontro internada?

— Pouco, eu diria, para casos de natureza semelhante, onde o cardíaco foi seriamente comprometido. Dez dias é o período em que você se encontra conosco.

— Meu Deus, Doutor... meu escritório... meus negócios, funcionários... a agenda superlotada...

O facultativo calmamente observou, depois de um novo sorriso, que por alguma razão transmitia uma tranquilidade inexplicável:

— Claudete, fique calma para manter-se equilibrada. Tudo está sendo cuidado com o comprometimento dos seus funcionários, sendo que o mais importante agora é a sua recuperação.

Após ele me dizer apenas essa frase a respeito das minhas atividades, invadiu-me um sono agradável e irresistível, fazendo que a imagem do médico fosse ficando embaçada até desaparecer por completo.

CAPÍTULO 5

Lágrimas renovadoras

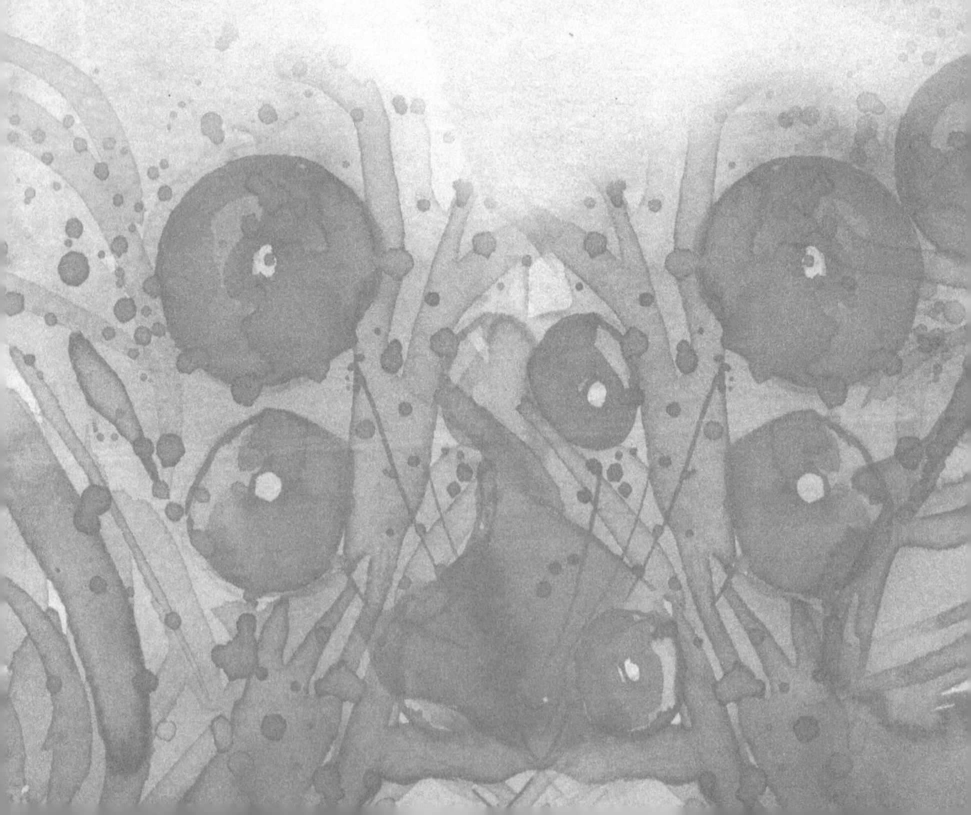

Como em um filme reprisado, a cena se repetiu com o meu despertar, pois estava novamente aos pés do meu leito o Doutor Otto com o seu sorriso sempre tranquilizador, reafirmando a sua observação, desta vez até mais otimista quando comparada à primeira visita, ou talvez, fosse eu que me sentisse muito melhor.

De qualquer maneira, eu respirava livre e suavemente, sendo que o incômodo de qualquer dor havia de fato desaparecido.

O próprio médico levantou a cabeceira da minha cama para que eu me sentisse mais confortavelmente instalada, informando pelo seu tom de voz amigável que em breve eu poderia me movimentar na parte interna da instituição.

Imediatamente fiz a ligação com a minha alta, mais do que necessária, porque eu não poderia ficar tanto tempo afastada das minhas atividades. De pronto, concordei:

– Que ótima notícia, Doutor, porque realmente me sinto bem-disposta, e creio que foi uma indisposição pela alta da minha pressão sanguínea, e logo poderei receber alta, estou certa?

— Claudete, sinto te informar que o seu caso ainda inspira cuidados, porque não foi tão simples como você crê. Houve de fato um quadro de enfarto, merecendo de nossa parte maiores esforços para que alcançássemos os resultados presentes.

Como uma boa advogada, achei aquelas colocações um tanto vagas, parecendo-me a princípio que o facultativo faltava com as informações completas. Aquela postura me irritou e decidi ser mais objetiva, uma vez que o tempo dispendido era acima do necessário. Voltei-me para ele dizendo:

— Doutor, sou uma mulher ocupada e responsável por um escritório onde funcionários dependem da minha presença para as devidas orientações. Não posso me dar ao luxo de ficar mais tempo internada. Aliás, nem sei a quantidade de dias que me encontro neste estado.

O semblante do meu interlocutor não se alterou em absolutamente nada, e eu não poderia garantir que a sua postura não me irritou ainda mais.

Sem demora, e com voz pausada, ele falou:

– Sou conhecedor das suas responsabilidades pelos informes que nos foram adiantados pelos seus familiares e as pessoas da sua relação, todavia, como você não ignora, possuo também deveres relativos à minha profissão. Sendo assim, os nossos protocolos solicitam a continuidade da sua terapia pelo período que for adequado ao seu restabelecimento em caráter integral, incluindo aí todos os aspectos voltados aos esclarecimentos que tenho plena certeza lhe farão sentir-se ainda melhor.

"Quanto ao tempo de internação, apesar de não ser ele preponderante, você está conosco há vinte e cinco dias."

Não deixei que o médico continuasse, pelo espanto relativo ao prazo, e me expressei com um tom de voz alterado:

– Vinte e cinco dias? Meu Deus, o que foi de tão grave para que eu ficasse praticamente um mês sem possuir consciência adequada do que estava acontecendo?

Ele voltou a informar com tranquilidade:

– Para você ver como certas ocorrências nos enganam. Conforme eu ia dizendo, o seu caso ainda exige cuidados mais significativos, a começar do seu posicionamento um tanto irritadiço e com perda de controle, até mesmo nessa nossa conversa que podemos considerar como inicial.

"A sua alta irá ocorrer à medida exata do seu controle emocional, sendo que para isso, somente você poderá administrar, mesmo com o auxílio adequado que iremos colocar à sua disposição, caso você aceite ser acompanhada por um terapeuta."

A minha irritabilidade chegou a tal ponto, que sem poder tomar uma atitude enérgica e rápida, sentindo-me batida e desamparada, as lágrimas vieram em borbotões, junto às minhas entrecortadas palavras:

– Não é possível... não posso ficar assim... preciso retomar a minha vida... meus negócios...

– Por enquanto, Claudete, a sua vida precisa ser revisitada como um todo, e para que isso ocorra, precisamos da sua colaboração.

Eu ainda indignada, agora comigo mesmo, disse:

— Eu, uma mulher forte, estou chorando...

— As lágrimas vão lhe fazer bem, minha filha, porque em determinados instantes elas representam um verdadeiro banho renovador para a alma.

Não acompanhei direito o movimento seguinte do médico, mas deu-me a impressão que ele colocou a sua destra próximo ao topo da minha cabeça e disse em tom baixo de voz:

— Retorne ao descanso reparador, Claudete.

Foi imediata a sonolência experimentada, semelhante à anterior, parecendo-me a aplicação de um forte anestésico.

CAPÍTULO 6

Revisitando ocorrências

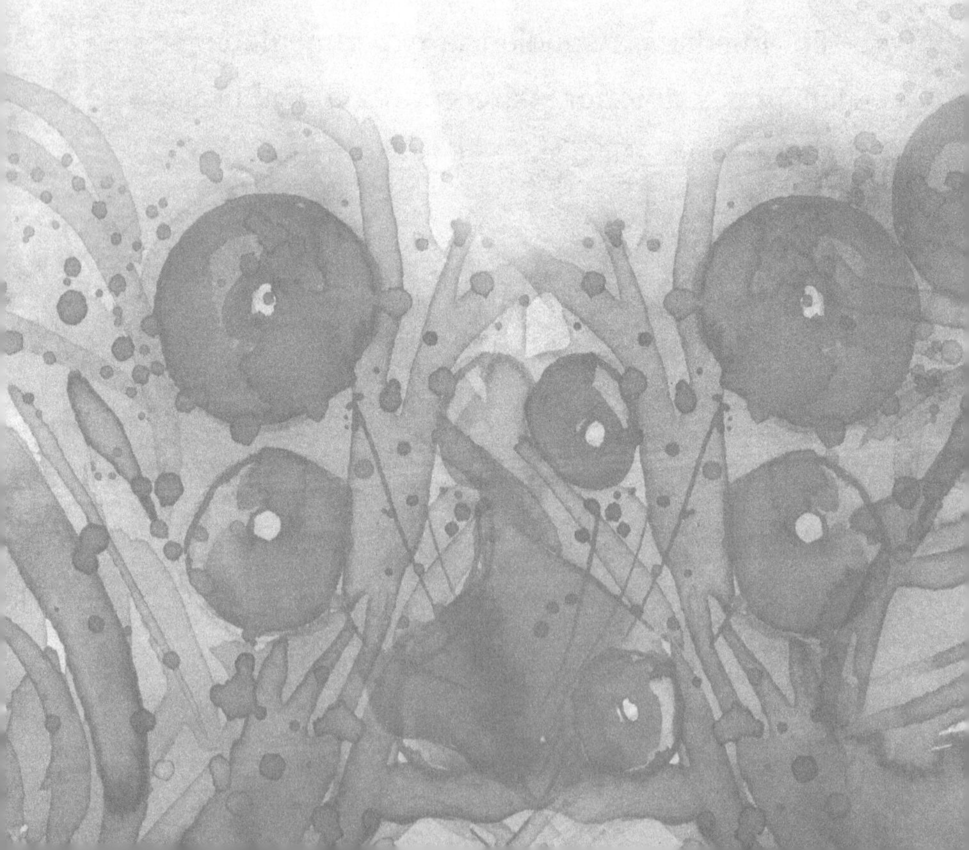

Uma sensação de paz indescritível me invadiu após a sonolência, e eu honestamente não saberia dizer se estava sonhando acordada.

Passei a ver cenas da minha infância sendo envolvida pelos meus pais, com destaque do carinho especial deles por mim, tratando-me como se fosse uma verdadeira princesa.

Depois, o relacionamento com o meu irmão, César, e o sofrimento que a família como um todo passou com a enfermidade que ceifou-lhe a existência três anos depois que a sua primeira infância fora encerrada.

Outros eventos importantes também surgiram em minha mente, tanto os instantes agradáveis como os desagradáveis, levando-me a rever alguns aspectos negligenciados em relação ao respeito à minha própria pessoa e, consequentemente, os reflexos nos meus familiares e mesmo colegas de trabalho, e depois, já em meu escritório, com os funcionários.

Um dos pontos de maior insistência nesse recordar ou sonhar - até porque eu não saberia ao certo especificar exatamente o que se processava naqueles momentos de profunda interiorização –, era a negligência em relação à minha saúde, que fora comprometida com a irritabilidade quase que constante e minha fascinação pelo perfeito.

Quando cheguei nesse quadro, vi-me em meu quarto, deitada na minha cama, e uma dor no tórax se apresentou de forma profunda, como se o meu coração estivesse sendo dilacerado por uma descarga elétrica poderosíssima, sem que eu pudesse fazer coisa alguma, com uma consequente falta de ar, levando-me ao desespero, fazendo-me retornar daquele momento onírico ou semelhante a ele, num tremor impressionante, trazendo-me de retorno à vigília, sentindo ainda alguns dos desconfortos, como se tudo continuasse acontecendo em certo grau.

Dando-me conta por completo de onde eu me encontrava, fui amparada pelo facultativo que se encontrava vigilante ao meu lado, pedindo-me calma com a sua voz serena, sugerindo que eu fizesse uso de uma respiração profunda e lenta.

A princípio, com o desespero que se abatia sobre mim, foi-me difícil alcançar os resultados, contudo, com a assistência constante do médico, as coisas foram voltando ao normal, dentro do que seria possível.

Quando me acalmei de todo, alguns fatos ressurgiram em minha mente, sendo os mais expressivos o mal-estar no escritório com as características semelhantes àquelas que eu experimentara naquele processo semi ou onírico, acrescido do absurdo dos objetos lançados contra a parede ou o telefone despedaçado, porém, quando resgatada pela equipe médica, em último olhar, pareceu-me que tudo se encontrava no seu devido local, sem demonstrar qualquer alteração ou dano.

Nesse rememorar, em minha opinião, o que se passara fora algo com características de um delírio, pelo insólito da situação.

Olhei na direção do Doutor Otto que me fixava de maneira mais acentuada, como se estivesse lendo literalmente os meus pensamentos.

Fiz menção que iria perguntar-lhe a respeito, quando ele se antecipou:

— Faz-nos bem esses instantes de tomada de consciência sobre o que nos ocorreu e alguns desdobramentos, que a princípio cremos ser ligados à falta de lucidez para melhor compreensão em virtude do nosso cérebro poder nos enganar, ou mesmo registrando adequadamente o que se passa em uma outra dimensão, não aceitando as informações por mera convicção ou, refraseando, descrença mesmo.

Confesso que não entendi absolutamente nada do que era explanado, parecendo-me que o médico era quem delirava.

No entanto, ele sorriu, e talvez eu tivesse cometido o equívoco de ter pensado alto, pelo estado mesmo em que eu me encontrava, e ter materializado as minhas palavras, porque ele encerrou dizendo:

— Tenho outros pacientes a serem visitados, todavia, tudo irá se esclarecer com o passar do tempo. Descanse, Claudete, e se for do seu agrado, converse com Deus, no que costumeiramente chamamos de prece. Fique em paz!

CAPÍTULO 7

Informações sintéticas

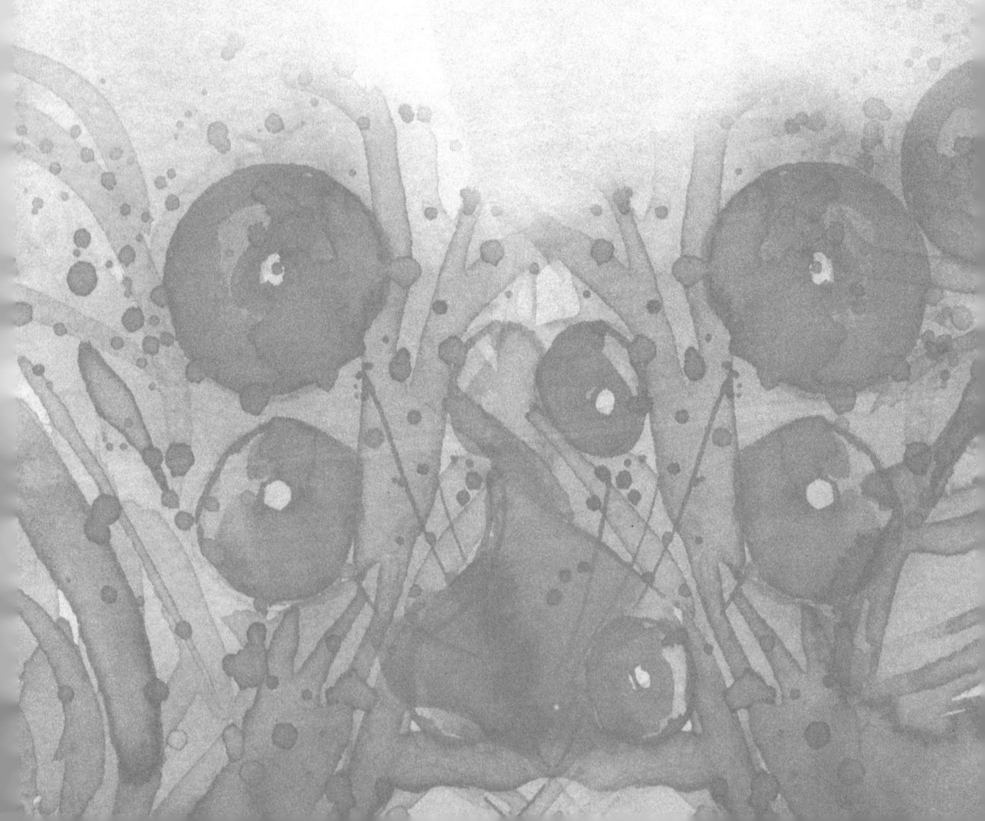

Fez-me bem mais este período de repouso, porque no leve despertar, meu corpo deu mostras de estar totalmente reenergizado, sendo que uma disposição, que eu não me recordava haver sentido até então, se fazia presente.

Tive um ímpeto de querer levantar-me quando o enfermeiro com a aparência do meu irmão César apresentou-se, recomendando, após saldar-me desejando uma ótima tarde:

— Claudete, por favor, tenha calma nesta tentativa de levantar-se. Permita-me que eu a auxilie.

Ele, com profundo cuidado, colocou-me umas pantufas em meus pés após eu colocar-me sentada na cama e, em seguida, auxiliou-me para o ensaio dos primeiros passos, sugerindo inicialmente uma peça de apoio, como um andador, que a princípio eu procurei rejeitar, mas com a atenção carinhosa que me era dispensada pelo enfermeiro, decidi aceitar o uso.

Fui esclarecida que a tarde estava se findando e, caso eu tivesse interesse, poderíamos caminhar pelo corredor da unidade onde eu me encontrava sendo assistida, observando os jardins da instituição através de suas amplas janelas, e deixarmos a visita a eles para a manhã seguinte.

Aceitei a sugestão, e à medida que saímos daquele tipo de sofisticada enfermaria, gradativamente fui me sentindo mais confiante no andar, dispensando o equipamento e apoiando-me suavemente no braço do enfermeiro, que por coincidência, quando me informou o seu nome, surpreendeu-me, pois era o mesmo que o do meu falecido irmão.

Disse-lhe de imediato, e sem qualquer rodeio, que ele me recordava em muito o César, naturalmente com as características que ele poderia ter ao alcançar uma idade um pouco mais avançada, apesar de sua juventude.

Ele sorriu e completou:

— Por vezes, Claudete, nós produzimos esses eventos, tendo a impressão de nos conhecermos de há muito, o que é evidentemente possível, considerando as questões relativas à reencarnação. Mas também não podemos negligenciar as condições relativas ao magnetismo de cada um de nós, que pode ser compatível com aqueles que nos relacionamos no momento atual.

Ambos os assuntos abordados de forma rápida pelo enfermeiro não eram do meu interesse, porque não passavam de puro misticismo para uma mulher prática como eu. Entretanto, ele, com delicadeza nas palavras, perguntou:

– Você crê nessas possibilidades, Claudete?

Achei melhor ser direta e responder com a maior clareza possível:

– Respeito a sua opinião, porém esses assuntos possuem para mim uma natureza extremamente religiosa, sendo todos eles não provados ou mesmo analisados pela Ciência oficial, segundo também os meus limitados conhecimentos e interesse.

Ele insistiu sutil e respeitosamente:

– Contudo, é gradativamente aceito que a mente se manifeste independentemente do corpo e, a sua continuidade, sua manifestação mesmo, possa ter seguimento em dimensão paralela àquela por nós experenciada quando no planeta.

Pelo desinteresse integral no assunto, achei por bem colocar nele um ponto final, muito no meu estilo quando algum interlocutor viesse com desculpas, evasivas ou fosse muito prolixo.

— Desculpe, meu caro César, mas nunca considerei essa hipótese, por conta realmente de ser uma pessoa muito objetiva com a vida.

Ele olhou-me de forma peculiar, lembrando-me ou parecendo mesmo à maneira como meu irmãozinho fazia, e disse:

— Entendo o seu posicionamento, porém opiniões, por mais respeitáveis que sejam, não alteram a lógica das Leis de Deus.

Não querendo ser indelicada achei por bem concordar, visando com isso, alterar o rumo do nosso diálogo.

— Natural que sim, César. Aliás, preciso ser esclarecida a respeito deste hospital em que me encontro internada. Por mais entranho, pelo menos para mim, essa não foi uma das questões com a qual me ocupei até o momento.

Ele de imediato atendeu-me, dando referências sintéticas relativas a um hospital especializado em cardiologia, que havia sido inaugurado não fazia muito tempo na cidade, e quando perguntei sobre os meus familiares e mesmo os funcionários, fui informada que em breve eu receberia as suas visitas, tão logo estivesse mais recuperada, apesar de sentir-me muito bem e querer logo me ver livre daquela situação para retornar às minhas atividades.

Pelo limitado das informações prestadas, achei melhor aguardar a próxima visita do médico para dar prosseguimento aos esclarecimentos.

CAPÍTULO 8

Sonho ou delírio?

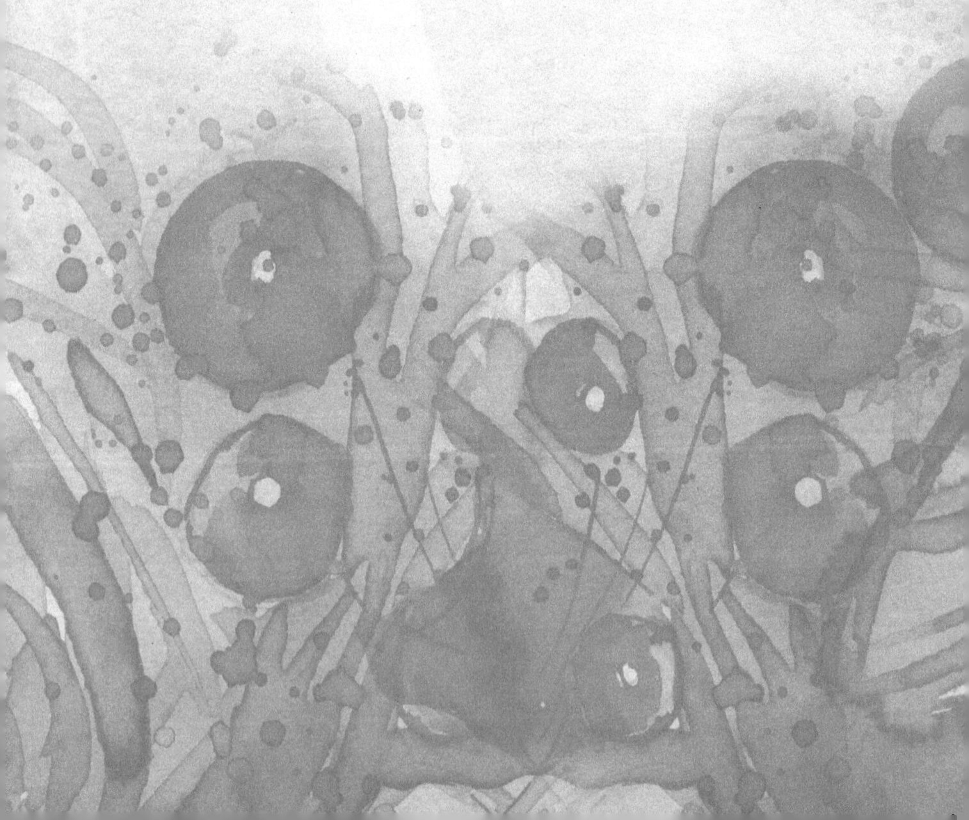

Novamente instalada confortavelmente em meu leito, procurei relaxar, apesar de ter ficado um tanto intrigada com a semelhança entre o César enfermeiro e o meu irmão, principalmente quando ele me olhou mantendo a expressão que era habitualmente conhecida.

Recordava-me naqueles instantes com profunda saudades do caçula da nossa família e o seu jeito meigo em encarar a enfermidade que lhe consumia a olhos vistos, pelas manifestações sempre recorrentes de sangramentos e hemorragias.

Apesar de encarar a vida com praticidade e também certa dose de frieza diante de quadros considerados sentimentais, os meus olhos ficaram mareados com as recordações.

Talvez, os acontecimentos desagradáveis com o meu irmão soassem como boas desculpas para o meu tratamento agressivo, não suportando pessoas as quais eu classificava como choronas ou dramáticas na hora de enfrentar os problemas.

Para não perder a chance de manter-me relaxada, uma vez que nada poderia ser feito pelo fato de estar internada, deixei que o sono fosse me invadindo gradativamente, e com ele algo de estranho ocorreu.

Mais uma vez, tive a impressão de sonhar acordada, pois vi-me levantando da minha cama, como se eu fosse um duplo de mim mesma, e ser dirigida por uma força impossível de ser controlada, levando-me para um jardim agradável, como se bastasse para essa viagem um simples piscar de olhos.

Olhei em volta e pude constatar que me encontrava à frente de uma igreja, que também era circundada por amplos jardins e, para a minha surpresa, um garoto surgiu pela porta principal daquele suntuoso templo e, aproximando-se, pude confirmar tratar-se do César.

Abracei-o como nunca houvera feito no curto período em que estivemos juntos, cerca de dez anos, e fui correspondida com as mesmas energias carinhosas que eu dispensava a ele.

Sem que fosse possível dizer uma palavra pelos momentos de puro deleite, ele pegou-me pela mão e convidou-me a entrar na igreja, onde pude ver somente no centro dela, um pouco afastado do altar, um caixão de pequeno porte.

Virei-me para o meu irmão com um ar de indagação, quando sem articular uma palavra sequer, ele comunicou-se comigo através de um recurso telepático, informando-me:

– Eu não estava aí, somente o meu corpo foi sepultado. Voltei para a pátria espiritual, e nela continuei o desenvolvimento natural, porque não me encontrava, como ainda não me encontro, capacitado para alterar a forma corpórea na dimensão em que nos encontramos em virtude da minha evolução.

"O tempo passou para mim, quase idêntico ao que ocorreria no planeta, e o César que se tornou enfermeiro e que te atende, sou eu mesmo, com algumas e óbvias alterações ocasionadas pela idade e pela boa influência que esta dimensão causou em mim, e costuma ocorrer em todas as mentes que procuram manter-se dinâmicas."

Com o término da sua frase, despertei no leito tendo o rosto banhado em lágrimas, situação essa para mim um tanto surreal, não podendo admitir que as passagens oníricas possuíssem alguma verdade nelas embutidas, pois se assim fosse, pela situação que transcorrera até então, eu também estaria na dimensão mencionada pelo César, o que era para mim um verdadeiro absurdo ou algo completamente desprovido de bom senso.

Como já houvera decidido anteriormente, o melhor seria ignorar esse sonho, o que eu procurei de imediato classificar como um delírio produzido por uma medicação qualquer.

CAPÍTULO 9

Convite para uma visita

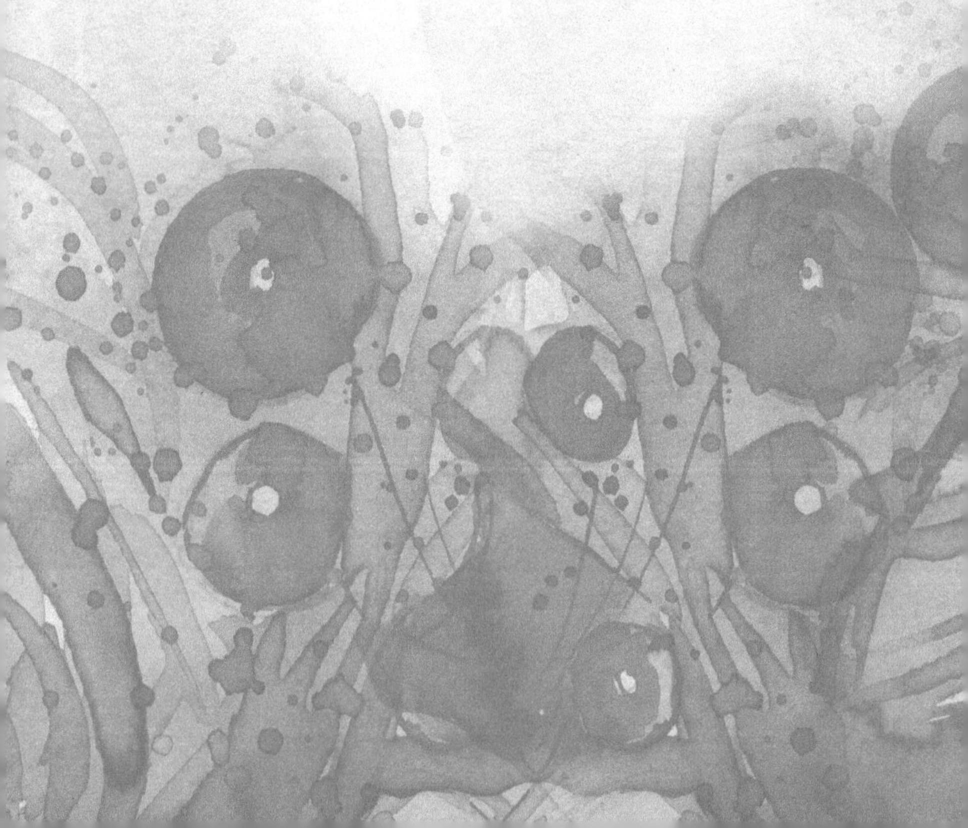

Saí daquele estado, que já classificava como sonoterápico, tendo mais uma vez o Doutor Otto ao lado da minha cama com um pequeno aparelho em suas mãos, como se fosse uma pequena lanterna, direcionada para o meu tórax, exatamente na direção do meu coração.

Estranhando aquele procedimento, para mim completamente desconhecido, ele adiantou-se dizendo:

– Fiz uma pequena auscultação para ver como está o nível energético do seu centro cardíaco, no intuito de liberá-la para as visitas que se farão necessárias.

– Visitas, Doutor? Isso significa que em breve poderei receber alta, não?

– Sim, natural que assim seja.

– Meus pais, parentes, amigos, funcionários?

– Dentro de uma certa ordem. Posso sugerir que sejam os seus funcionários inicialmente?

Achei estranha a recomendação, e decidi perguntar:

– Nessas horas os familiares não vêm primeiro, Doutor?

— Em geral, sim, Claudete, mas como você tinha um foco muito mais acentuado nos seus negócios do que na própria família, acredito ser mais viável que comecemos por eles.

O facultativo pareceu-me ter mais informações a meu respeito do que eu sequer poderia imaginar, principalmente considerando as questões voltadas para os meus valores pessoais.

Não querendo causar qualquer contrariedade que viesse a embaraçar-me ainda mais, e também poder ser estendida aquela internação, concordei:

— Está bem, Doutor. Acho que o senhor tem maiores motivos para que as coisas sejam conduzidas dessa forma. Quando poderei recebê-los?

— Claudete, eles não virão até aqui, nós é que iremos até o seu escritório.

— Doutor, como estão mudadas essas tratativas na medicina. Nunca soube que o enfermo fosse o responsável pela visita.

— No seu caso particular, essa técnica será muito proveitosa, e também adequadamente terapêutica.

– Se o senhor diz... pelo que presumo, com esse método, deverei estar recebendo alta, então?

– Praticamente!

– Bom, Doutor, e quando vamos?

– Em alguns minutos, caso você esteja de acordo.

– Completamente. Obrigada pelas boas novas.

– Façamos o seguinte: vou solicitar que uma das nossas enfermeiras possa acompanhá-la até o veículo de transporte e nos encontraremos em breves instantes.

Realmente, tudo naquele hospital parecia ser acelerado e eu sequer pude comentar da minha experiência onírica, se bem que, refletindo um pouco mais, fora melhor assim, em virtude de estar por vezes caindo no ridículo com esse tipo de acontecimento ou ser diagnosticada com algum outro distúrbio, afastando-me por maior tempo do meu trabalho.

Realmente, não demorou para uma jovem apresentar-se, dizendo chamar-se Celina, perguntando se eu preferia caminhar ou ser conduzida em uma cadeira de rodas.

Não gostei do questionamento, porque um dos pontos cruciais da minha personalidade era não demonstrar fraqueza, principalmente estando em uma profissão dominada por homens.

Me levantei, apoiando-me inicialmente no leito, e em seguida permiti ser assistida pela enfermeira e vestir um tipo de jaleco extremamente confortável, e dirigirmo-nos para o amplo corredor, e dele sairmos num estacionamento, onde estava um veículo com as rodas completamente cobertas, contando com um motorista, o qual procurou nos acomodar rapidamente, para em seguida receber também o Doutor Otto, podendo então iniciarmos a nossa viagem.

CAPÍTULO 10

Diante do que é real

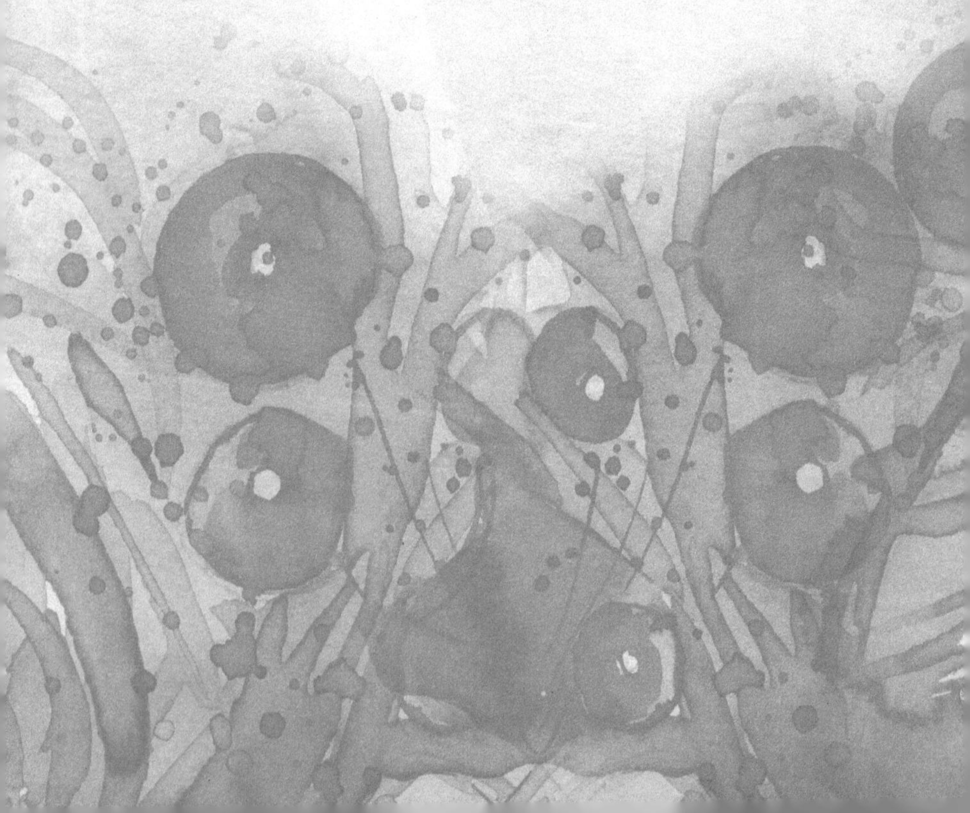

Impressionou-me a velocidade empreendida pelo veículo, bem como a impossibilidade de acompanhar o trajeto, porque as janelas eram como espelhos para os ocupantes, não permitindo qualquer visibilidade para o lado externo.

Habituada na minha profissão a manifestar-me ou questionar no momento exato, achei que esses detalhes poderiam ficar para mais tarde, porque o importante nesta ocasião era não apenas a minha visita ao escritório, mas o meu provável retorno aos negócios.

O pequeno ônibus nos deixou à porta do edifício onde se localizava o meu lugar preferido para estar: meu trabalho.

Avancei determinada, quase me olvidando dos meus acompanhantes, apesar de ainda não me sentir totalmente recuperada, contudo, o simples retorno dava-me uma certa reenergização, e com as palavras de estímulo articuladas em tom audível para mim mesma, eu disse:

– Estou de volta!

Chegamos ao meu andar utilizando o elevador, e ansiosa pelo acontecimento, sequer dando importância para coisa alguma que se passava, ou seja, porteiro, iluminação diferenciada, objetos e mesmo portas que pareciam possuir um tipo de duplo, que eu atribuí de imediato à possível medicação, muito provavelmente de caráter hipnótico para tratar o desconforto com a dor, que parecia em certos instantes, agora mais raros, não querer me deixar.

No entanto, a ansiedade era tamanha, que nada mais importava, até alcançarmos a porta do conjunto do meu escritório e já sentir-me contrariada, pelo fato dela estar aberta e a recepcionista ausente do seu posto.

O Doutor Otto que me seguia, tocou-me de leve em meu braço, dizendo:

– Claudete, a manutenção da calma a partir deste instante é de fundamental importância para que você não tenha o seu quadro mais agravado e para que nós, Celina e eu, não tenhamos que intervir diretamente encerrando a sua visita.

"Então, antes de avançarmos escritório adentro, sugiro que você nos acompanhe em um pequeno exercício de respiração profunda, procurando administrar os seus sentimentos e pensamentos. Você pode atender à minha sugestão?"

Sinceramente, o que eu senti vontade de fazer era dar uma boa bufada e entrar no ambiente batendo o pé para notarem a minha contrariedade, porém, com a observação de uma provável interferência pelo facultativo e a enfermeira, achei por bem proceder conforme o sugerido.

Acompanhei o médico, que demonstrava não ter qualquer motivo para apressar a nossa entrada, que eu acreditava ser, por menor que fosse a recepção, verdadeiramente triunfal.

Por alguma técnica que foi utilizada pelos meus acompanhantes, senti-me mais tranquila e pude perguntar com calma:

— O senhor acha que já podemos dar continuidade?

Ele sorriu com sutileza e informou:

— Irei à sua frente!

Concordei e demos início, e para a minha surpresa, vários itens da decoração haviam sido alterados, as mesas redistribuídas em estilo que eu acreditava ser moderninho e não o tradicional, sendo que ninguém se encontrava em suas posições e sim, por mais absurdo, pude ouvir certa algazarra vindo da direção da minha sala, onde se cantava o "Parabéns a Você" para algum dos funcionários.

De imediato, foi impossível conter a minha irritação, porque se confirmava que o gato uma vez fora do ambiente, os ratos fazem a festa.

Devo ter dito a frase em voz alta, porque o Doutor Otto estancou mais uma vez, e virando-se para mim, falou em tom mais incisivo:

– A continuidade de sua postura de caráter mental, em breve tempo irá se constituir em desequilíbrio acentuado, e saiba que para o seu próprio bem, tomarei providências.

Voltei a fazer conforme a orientação anterior a respeito da respiração, e a tentativa mesmo de alterar sentimentos, para que eu pudesse prosseguir, porém, a Celina desta vez passou o braço pela minha cintura, dando-me apoio, e fomos em direção ao local da cantoria.

Ao entrarmos, o pessoal se organizava em círculo em torno da minha mesa, onde estava um bolo com as velas recém apagadas por alguém nada menos que a recepcionista.

Achei aquilo o cúmulo, e sem poder conter-me, falei em alta voz:

— Bem, pessoal, a festa acabou!

Ninguém deu a mínima importância às minhas palavras, e para garantir que a algazarra cessaria, avancei um pouco mais e repeti a frase, continuando a ser completamente ignorada.

Olhei para a enfermeira que continuava a me sustentar, e em seguida para o Doutor Otto, como a questionar-lhes a respeito do incoerente episódio.

O médico, com muita naturalidade, pediu que deixássemos o local por um momento, coisa que fizemos, para nos dirigirmos até a recepção, onde fui convidada a sentar em uma das poltronas mais uma vez, sentindo que estava utilizando de algo não tão material e adensado como eram os tecidos usados para a sua forração.

Com simpatia no olhar, ele começou:

— Creio que você tenha notado alguns pormenores a começar do veículo que nos transportou até aqui, isso sem falar nos equipamentos utilizados em nossa instituição assistencial, incluindo os objetos e a poltrona mesmo que te serve no momento. Principalmente nesta nossa visita, quase tudo pareceu-lhe ser um duplo do material existente, estou certo?

— Sim, senhor, está!

— Claudete, muito provável que você tenha atribuído a alguma terapia aplicada para o alívio dos seus desconfortos relativos ao enfarto do miocárdio...

Cortei de súbito a palavra do meu interlocutor, para mais uma vez confirmar a minha desconfiança. Todavia, ele continuou tranquilo:

— Perceba que a falta de registro da sua pessoa, bem como as experiências em relação à própria matéria, dá a impressão de serem novas, apesar desses eventos terem sido experenciados as incontáveis vezes que deixamos o corpo físico em definitivo, cumprindo os procedimentos reencarnatórios.

Apesar do choque da informação, procurei administrar a surpresa como sempre fazia diante dos meus clientes e colegas de trabalho. Na sequência, sem que o médico recomendasse, procurei respirar fundo, antes de perguntar:

– O senhor quer dizer que eu estou morta?

– De maneira alguma, minha filha, até porque, ninguém morre, somente saímos do corpo que nos servia no planeta em definitivo, coisa que para nós não é tão desconhecida assim, porque em várias oportunidades esses episódios ocorrem através do estado onírico.

Chocada com a informação, perguntei:

– O infarto me matou?

– Natural que não. Ele apenas trouxe você para a nossa dimensão, aquela que é a verdadeira pátria para todos nós. A ocorrência infartante somente fez que o seu corpo de matéria adensada retornasse ao seu local de origem.

Num átimo, imagens dos instantes principais da minha vida acorreram em cenas rápidas, mescladas com parte dos sonhos que eu tivera no hospital e o desfecho no escritório onde eu me encontrava.

Recordei-me também dos últimos momentos que eu tivera naquele local, com as crises sucessivas que se abateram sobre mim, até aquele despertar peculiar na instituição que me abrigava.

Apesar da minha firmeza em relação às emoções, foi impossível controlar as lágrimas que vieram em borbotões, fazendo que eu me lamentasse pelo tempo literalmente perdido, principalmente a negligência junto à família e as pessoas que me queriam bem, apesar do meu estilo irascível.

CAPÍTULO 11

Novas propostas

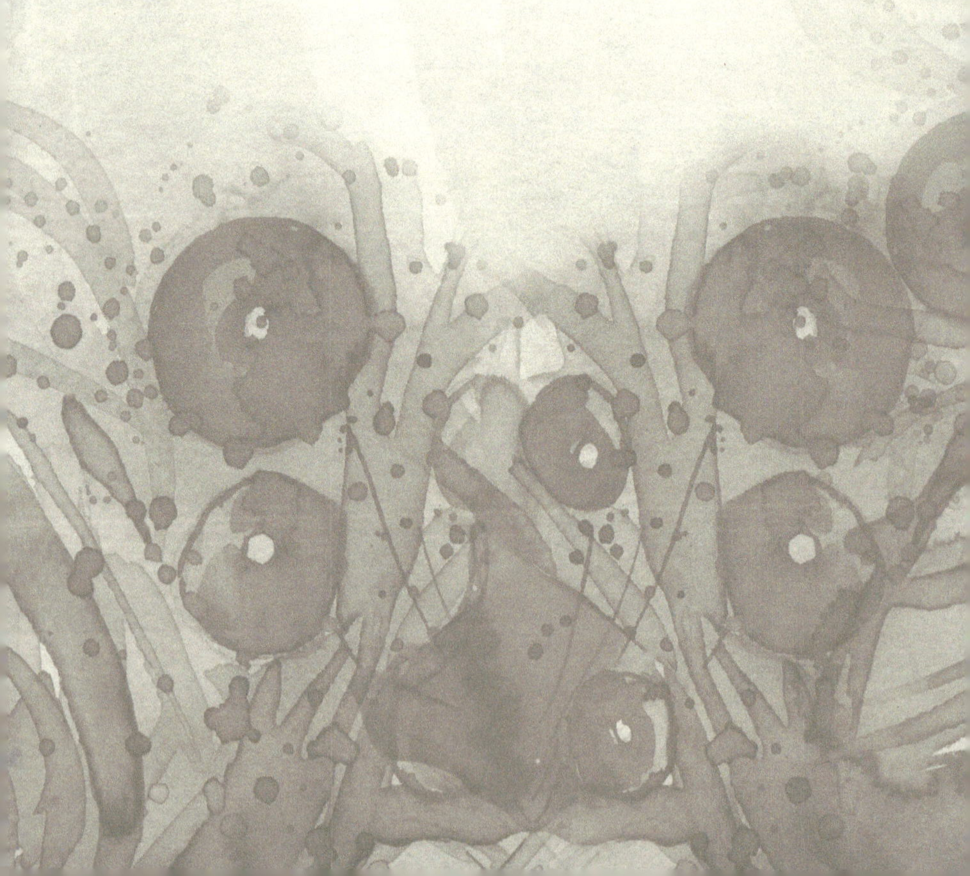

Se os momentos alegres parecem desaparecer rapidamente, mesmo que eles durem horas, os instantes de tristeza, por mais curtos que sejam, nos transmitem a impressão que não terminam nunca.

No meu caso especificamente, por ignorar por completo ou pelo menos não ter me atentado para as questões relativas ao Espírito, o evento no meu escritório parecia não poder ser encerrado, e eu tinha a nítida impressão que me faltariam lágrimas para o tanto que eu precisaria lamentar.

A Celina e o Doutor Otto me consolavam com palavras de esperança, e somente foi possível iniciar uma retomada consciencial maior a partir do instante que percebi ter recebido de ambos uma descarga energética, que aos poucos foi me retirando daquele estado desesperador.

Assim que consegui conciliar melhor as ideias, eu disse:

– Por favor, eu preciso sair daqui.

Fui atendida gentilmente e em caráter imediato, sendo que o médico sugeriu nos deslocarmos até o pequeno jardim que ficava à frente do edifício, onde eu houvera instalado o escritório que não mais me pertencia.

Sentamo-nos na mureta da passagem próxima à entrada, onde após estar um pouco mais controlada, o facultativo falou:

— Note, Claudete, a beleza das flores, que em nossa dimensão são ainda mais vivas e brilhantes quando comparadas à sua composição de matéria mais densa. Até mesmo os perfumes possuem maior poder de ação, oferecendo-nos a possibilidade de louvarmos o Criador à frente da beleza de sua criação.

"Perceba que temos alguns lírios floridos, que nos remetem ao ensinamento de Jesus:* *Olhai para os lírios do campo, como eles crescem; não trabalham nem fiam;*

E eu vos digo que nem mesmo Salomão, em toda a sua glória, se vestiu como qualquer deles."

Procurei enxugar as lágrimas com o lenço que me fora oferecido pelo meu interlocutor, e somente naquele momento reparei que haviam não

---

* Nota da Editora: Mateus 6:28,29

apenas lírios, mas também algumas outras flores harmoniosas no pequeno jardim.

Ocupada, ou porque não dizer, preocupada sempre com os meus negócios, sequer prestava atenção nas pessoas, que dizer então em relação à natureza.

Para mim era só trabalho, trabalho, trabalho...

Como me lamentava tardiamente ter-me voltado apenas para um dos aspectos da vida, quando me eram oferecidas todas as oportunidades de bem relacionar-se com familiares, parentes e amigos. Mesmo em questões voltadas para a possibilidade de encontrar alguém com quem eu pudesse constituir o meu próprio lar, eu não achava tempo ou não permitia mesmo que tal acontecesse, porque temia ser bloqueada de alguma maneira na minha carreira, que considerava o ponto mais importante da minha existência, crendo tolamente que os anos para mim não passariam, ou mesmo que a morte do corpo não ocorreria antes de alcançar uma idade muito avançada.

Mas, estava eu encarando a realidade em ter exterminado com tudo, muito antes de alcançar a idade madura para colher os frutos do meu esforço, isso se eu conseguisse deixar de ser uma fascinada pelas minhas atividades, coisa que seria muito improvável.

Nessas minhas reflexões, rápidas até, notei que o médico, tanto quanto a enfermeira, deveria possuir algum recurso para mim desconhecido, porque eles aproximaram-se um pouco mais, e como eu me encontrava sentada entre os dois, me abraçaram, e foi a Celina que iniciou dizendo:

— Minha irmã, não se culpe pelo não realizado, pois mesmo nos momentos em que nos equivocamos colocando toda a nossa energia em um único propósito, sempre algo de bom nós produzimos para o nosso próximo, porque não somos um mar de desequilíbrios e sim filhos e filhas de Deus, criados à Sua imagem no tocante às potencialidades do Espírito, cuja evolução consiste no exercício pleno do amor e do saber.

"Nas suas atividades, muitas pessoas foram também beneficiadas, direta ou indiretamente, com a oferta de emprego e, consequente, o desdobramento das atividades deles e o bem que produziram para os seus familiares.

— Agradeço, Celina, mas agora vejo que não foi o suficiente, porque se auxiliei de alguma maneira, me beneficiei de outra.

Demonstrando possuir uma alma tranquila em suas expressões, a enfermeira continuou:

— Mas considere que a vida se constitui de trocas em todos os sentidos, recordando Francisco de Assis em frase de sua conhecida oração: é dando que se recebe.

"Portanto, coloque a partir de hoje novos objetivos em sua existência, não desprezando, todavia, o trabalho de engrandecimento próprio, para que ele se reflita no semelhante, mas incluindo também momentos de pura doação no servir, porque servindo participamos da obra de Deus, O qual, pelo Seu incomensurável amor, nos serve e sustenta integralmente."

Com as palavras que me eram dirigidas, um verdadeiro banho de luzes davam a impressão de estarem me envolvendo em harmonia e paz.

Sentindo-me mais energizada e procurando a disposição que sempre tive, eu disse:

– Mostre-me como e eu farei o que estiver ao meu alcance.

Ambos sorriram demonstrando com esse gesto total aprovação e, logo em seguida, o Doutor Otto se manifestou:

– Sendo assim, minha cara, vamos iniciar uma nova trajetória.

CAPÍTULO 12

Nossas marcas

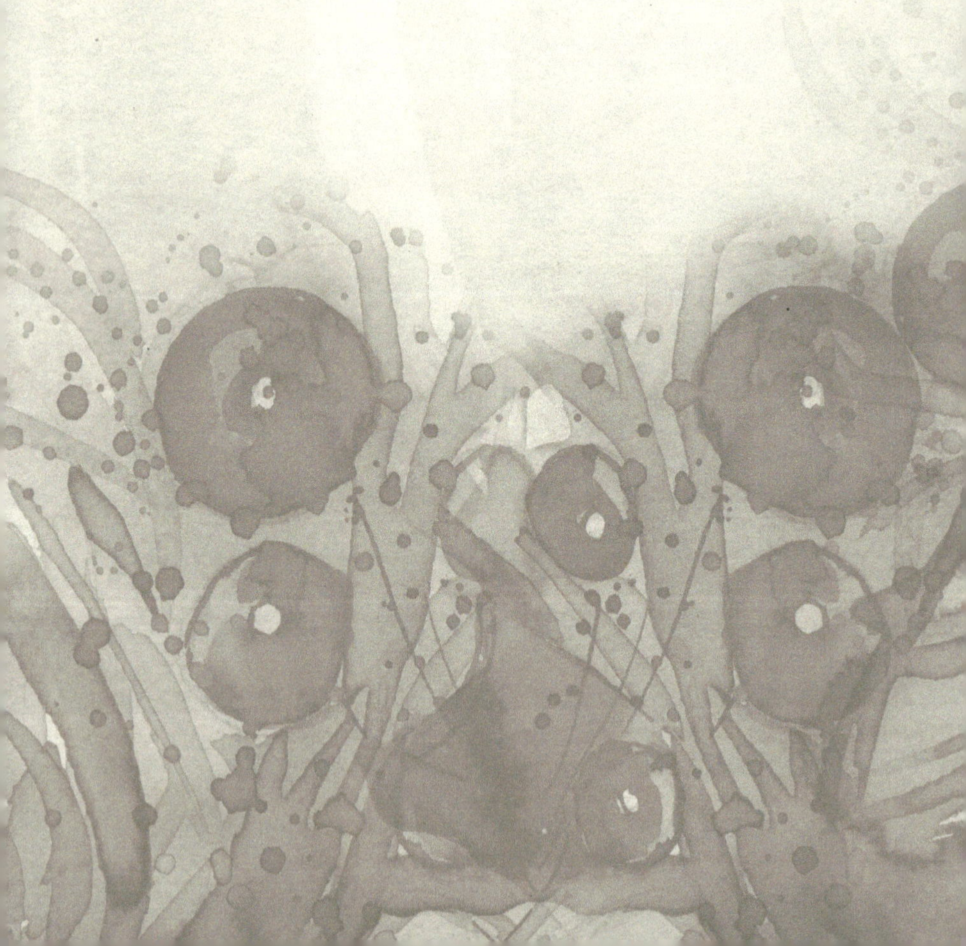

O médico olhou-me de forma mais significativa, para logo depois perguntar:

– Você gostaria de fazer mais alguma visita, Claudete?

– Sinceramente, Doutor, gostaria sim poder visitar os meus pais, mas não creio que esteja preparada para fazê-lo neste momento.

"Na realidade, tenho receio do que eu possa encontrar ou vir a saber do que se sucedeu no antes, e também no depois, a respeito do meu passamento."

– Está bem, minha filha, vejo a sua decisão sendo tomada com sabedoria, porque o amor, potencial intrínseco em nós, nos informa de maneira intuitiva o melhor momento, para que desta forma, não sejamos pedra de tropeço para ninguém com a nossa tristeza ou abatimento.

– Doutor, quais serão os próximos passos para que eu possa me tornar uma realizadora e não continuar simplesmente como uma paciente?

Ambos sorriram com a minha colocação, quando decidi completar:

— Está em mim a necessidade de trabalhar, de movimentar-me, pois sempre foi o mote da minha existência.

— Sabemos disso, Claudete, todavia, neste particular, tudo faremos pela diversificação.

"Você possui elevada intelectualização e inteligência, aliadas a uma vontade férrea, o que te garantirá a absorção de maiores conhecimentos a respeito de você mesma, como Espírito imortal que, aliás, todos somos. Cursos serão disponibilizados e, à medida que você for ampliando o volume de informações, poderá sem dúvida estagiar nas atividades que forem oferecidas. Está bem assim?"

— Sim, Doutor, está. Sinto que vou precisar de muita ajuda para minimizar a minha reconhecida ansiedade.

— O simples fato de você reconhecer que precisa trabalhar este ponto, já é um avanço significativo, minha filha, porque está saindo do automático e sendo racionalizado. Natural que a partir de agora somente o seu esforço poderá fazer grandes realizações, apesar de todo o auxílio que lhe será prestado.

– Agradeço, Doutor. Antes, porém, que nos retiremos, porque noto que não serão necessárias outras participações de minha parte para reconhecer o óbvio. Gostaria apenas de saber, caso o senhor tenha alguma informação a esse respeito, como foi solucionada a continuidade do escritório que um dia foi meu.

Não encerrei a frase sem que as lágrimas, agora mais discretas, deixassem de surgir embaciando os meus olhos. Desta vez, foi a Claudete que tomou a palavra, informando:

– Recebemos um relatório de um dos amigos nossos, que acompanhou parte do desenrolar desde o seu desencarne - termo esse que acreditamos ser mais adequado, por sabermos que a morte não existe -, que os seus pais foram as pessoas que se encarregaram em dar continuidade, não eles próprios, mas sim, em transferir para a responsabilidade dos funcionários, os quais aceitaram de bom grado, procedendo a uma sociedade entre eles, sendo que o Jorge, é o líder nato dessa nova empresa.

— O Jorge?

— Ele mesmo, Claudete.

— Que bom que terminou assim, não, Celina?

— Sim, minha querida, e você pode conferir que os seus esforços não foram em vão, apesar de ter sido um tanto demasiados, pois ele garantiu a continuidade dos empregos e o consequente benefício que as atividades trazem para todos os envolvidos.

"São as nossas marcas que podemos deixar não só no planeta que nos acolhe, como também em todas as demais dimensões dele e, que maravilha, verdadeira bênção mesmo, quando elas são benéficas para os nossos semelhantes."

— Jamais havia pensado a respeito, Celina. Espero sinceramente que eu possa deixar alguma nessa condição que agora me encontro, apesar de conhecer tão pouco a respeito dela.

— Deixará, minha querida. Confie nisso. Aliás, esse é um dos aspectos importantes de sua personalidade: confiança.

Eram mais do que óbvias as palavras de incentivo transmitidas pelos meus acompanhantes que visavam ressaltar o que era bom em mim, sem que eu tivesse às vezes me atentado para tal. Tratava-se de um reflexo puro daquelas boas almas e do que possuíam em seus corações quando se dirigiam a outras pessoas.

Não fiquei muito tempo conjecturando, porque o Doutor Otto, dirigindo-me a palavra, convidou:

– Claudete, creio que podemos retornar, não?

– Sim, Doutor, para mim, o que tive hoje, basta. Obrigada!

CAPÍTULO 13

Valores desprezados

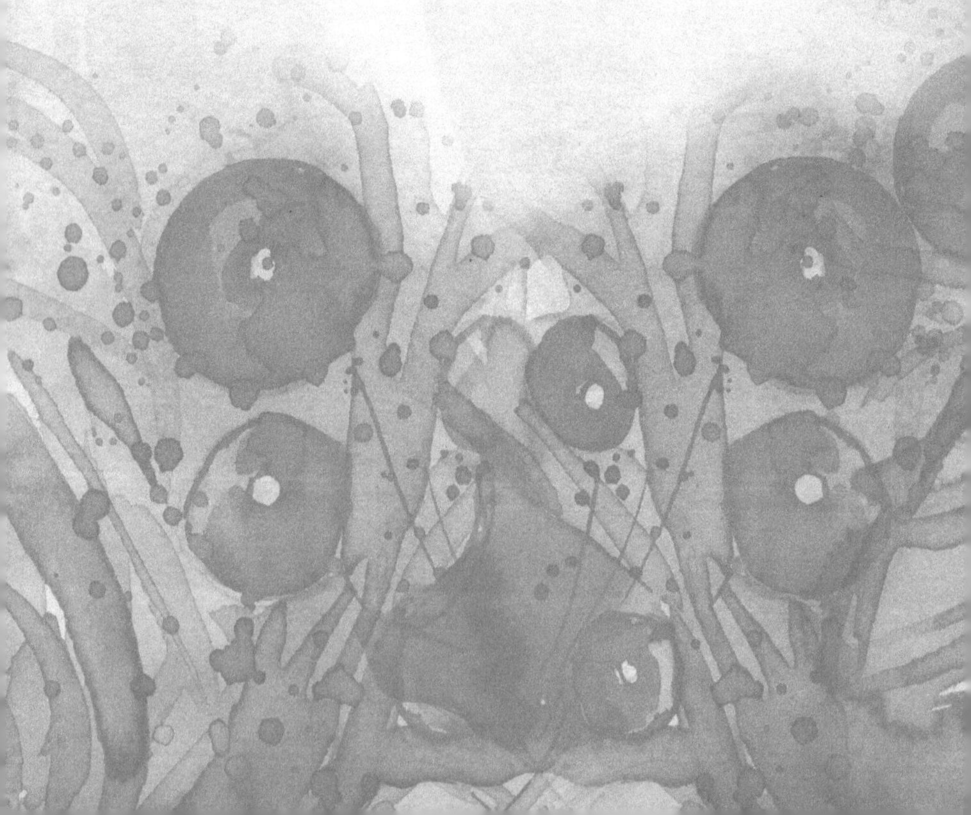

O nosso retorno à instituição que me abrigara foi tão rápido quanto a nossa viagem de ida àquele que teria sido o meu escritório.

Por recomendação do médico, retornei ao meu leito para um descanso enquanto a Celina providenciaria instalações em separado para mim em andar reservado aos assim considerados ex-pacientes.

Eu, que fora uma empresária bem-sucedida, agora teria que morar de favor, por não ter construído praticamente coisa alguma em relação à minha espiritualidade.

Voltada unicamente para os meus interesses imediatos, não deixei para segundo plano, desprezei mesmo, as questões voltadas para qualquer item que dissesse respeito a religião ou mesmo a valores outros que não fossem os que me trouxessem mais clientes e negócios.

Pensava no quanto me enganara e o desprezo reservado às mais caras relações, principalmente com os meus pais, que se quisessem ver a filha por alguns instantes, precisavam passar pelo meu escritório, sempre em visitas rápidas, porque eu me encontrava regularmente ocupadíssima.

Recordava agora algumas sutis recomendações, principalmente da minha mãe, sobre outros pontos de importância, como o descanso, o lazer e as relações familiares que, por fim, nos sustentavam interiormente, com a troca das mais sublimes energias, todas elas enriquecidas no amor.

Nas poucas oportunidades que ouvi isso da minha genitora, transferi tais palavras, ou sugestões mesmo, como se fossem elas provindas da religião que ambos, ela e meu pai, haviam abraçado, que para mim não passava de coisa de gente velha ou aposentada, que procurava ocupar o pouco tempo de vida que lhes restava voltando-se para Deus.

Realizava agora os meus enganos, não que devesse abandonar a minha exitosa carreira, entretanto, compreendia que a existência no planeta possuía outros valiosos complementos e não somente uma atividade, no meu caso o trabalho, até próximo da exaustão.

Interessante estava sendo esse despertar, talvez proporcionado pela terapia que fora aplicada durante a minha internação, secundada pelo choque de realidade que foi a constatação da continuidade da existência. Contudo, em plano dimensional diferenciado, com novas perspectivas, e pelo pouco que eu poderia conhecer, várias delas voltadas para a prática efetiva do bem a nós mesmos, para em seguida ser refletida aos nossos semelhantes.

Não saberia precisar a quantidade de horas que fiquei nessas reflexões, porque em determinado instante, a iluminação da área foi reduzida e a Celina apresentou-se e, ao ver-me desperta, informou que eu seria transferida tão logo amanhecesse.

Agradeci realmente tocada pelo interesse e atenção que me era dispensado por pessoas que eu jamais poderia imaginar que pudessem existir.

O carinho do médico e da enfermeira para comigo me remetia mentalmente mais uma vez aos meus pais e a falta de coragem para visitá-los após o evento no escritório, pois eu sabia que se assim procedesse, eu iria apenas repartir a dor das minhas faltas.

Mais acomodada após a passagem da Celina, que por alguma razão exerceu em mim uma doce sensação de paz, adormeci.

CAPÍTULO 14

Iluminada visita

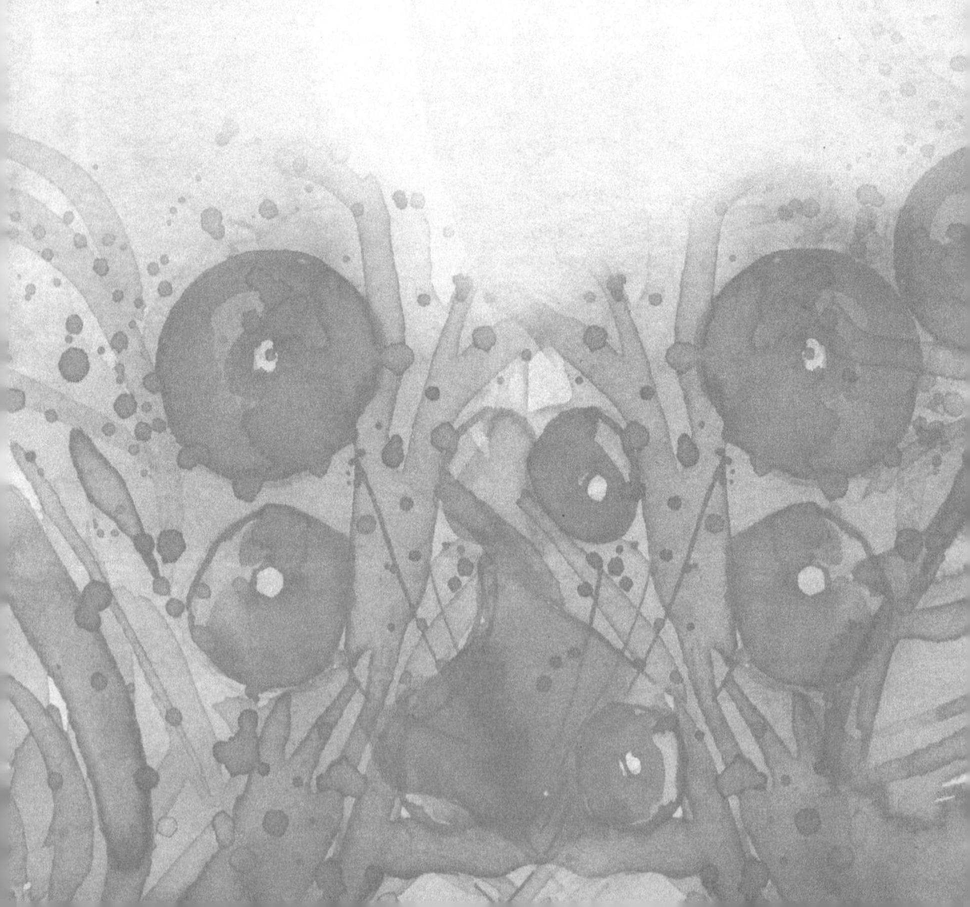

Pelo pouco tempo decorrido, tive a nítida impressão de que eu não devia ter dormido mais do que uma hora, quando fui despertada suavemente pela Celina, que me informou que eu deveria preparar-me convenientemente para receber uma breve visita.

A enfermeira foi cuidadosa com os meus aspectos pessoais, colocando-me sentada no meu leito e ajeitando-me os cabelos e demais detalhes femininos.

Questionei-lhe a respeito e fui informada que outros dois médicos estavam a caminho para ver-me em minha nova condição, como uma pessoa consciente das mudanças efetivas em relação à vida.

Preparada para o evento, fiz menção de levantar-me quando a Celina solicitou que eu me mantivesse sentada, informando-me que retornaria com os médicos dentro de um minuto.

Foi exatamente o tempo transcorrido que a enfermeira surgiu à frente dos visitantes, que não eram outros, senão os meus pais.

Todo o preparo fora adequado, porque se estivesse em pé, desabaria pela emoção do momento, onde mais uma vez as lágrimas vieram lavando o meu rosto.

Abraçamo-nos os três, sem que pudéssemos dizer uma palavra sequer tamanha a troca de energias superiores que ocorriam entre nós, fazendo das palavras mero e puro complemento.

Foram minutos que eu gostaria que não passassem nunca, e quando iniciamos a nossa conversa, perguntei algo titubeante:

— Vocês... vocês... também vieram em definitivo?

Minha mãe, emocionadíssima, foi quem respondeu com o seu sorriso sempre consolador.

— Não, minha filha. Caso você preste a devida atenção, veja que nós mantemos ainda as ligações com o nosso corpo físico. Seu pai e eu continuamos encarnados.

Fixando-os com maior riqueza de detalhes, pude ver um fio brilhante que se desprendia da região do bulbo de cada um. No entanto, o mais intrigante fora a explicação dada pela minha genitora. Curiosa, indaguei:

– Mamãe, como a senhora obteve tal conhecimento?

Ela, sorrindo e alisando os meus cabelos, sentou-se ao meu lado, seguida do meu pai, para informar-me:

– Nos tornamos espíritas já faz muitos anos, e a instituição que frequentamos na dimensão planetária oferece-nos cursos os mais diversos, onde a realidade nossa, como Espíritos que somos, é gradativamente, e dentro do possível, desvendada.

Meu pai completando, disse:

– Exatamente por isso, tivemos dos nossos mentores a autorização e o acompanhamento para poder visitá-la através do desdobramento natural que o corpo nos oferece quando do período onírico.

Eu estava simplesmente pasma com o que me era dito de uma forma tão tranquila e objetiva. Interessada, dei continuidade:

— Mas vocês nunca me disseram que frequentavam uma casa espírita.

Desta vez, foi meu pai que se adiantou na informação:

— Minha filha, creio que tivemos muito pouco tempo em nossos contatos para poder explicar-lhe como estávamos vivendo e o que fazíamos. Pedimos desculpas pelas nossas falhas.

Meu pai era de fato um cavalheiro muito polido, porque desculpava-se por não ter feito coisa alguma, porque eu praticamente esquecera-me de suas existências, e as vezes que procuravam me visitar no escritório, sempre com a mesa e agenda lotada, eu buscava despachá-los no menor prazo possível. Havia negligenciado o relacionamento e estava agora consciente a esse respeito. No entanto, não era apontada uma falha sequer de minha parte por qualquer um deles.

Minha mãe, segurando com as suas mãos as minhas, mudou o rumo da conversa com a certeza de que eu poderia começar a querer me imputar os erros que eram somente meus, dizendo:

— Estamos felizes em encontrá-la tão bem, minha querida. Temos orado muito para que em breve você possa ingressar nas atividades do conhecimento e do serviço em favor do próximo, porque ambos exercitam os nossos potenciais divinos. Estaremos vibrando por você, pois sabemos do seu valor e de sua dedicação e persistência.

Em seguida, levantou-se sendo acompanhada pelo meu pai, exatamente quando a Celina retornava. Foi a enfermeira que comunicou:

— Claudete, já está na hora dos seus pais voltarem.

— Mas já, Celina? Sequer chegaram...

Ela sorrindo, continuou:

— Sim, foi realmente uma visita de médico, conforme costumamos nos referir pelos afazeres deles. Porém, precisamos nos lembrar que eles estão desdobrados e as emoções destes instantes são suficientes para que ambos despertem e troquem algumas palavras a respeito desse sonho que será considerado real, o qual proporcionou tão agradável encontro.

Eu não podia, de forma alguma, protestar. Procurei abraçá-los e beijá-los como nunca fizera antes e, aproximando-me um pouco mais do ouvido do meu pai, disse:

– Sou eu quem pede perdão a vocês, e saibam que sou muito grata por tudo o que foram e fizeram por mim.

Eles saíram deixando-me ainda emocionada, não apenas por aqueles momentos encantadores, mas por tudo que representaram na minha curta existência no planeta.

CAPÍTULO 15

Ampliar a visão

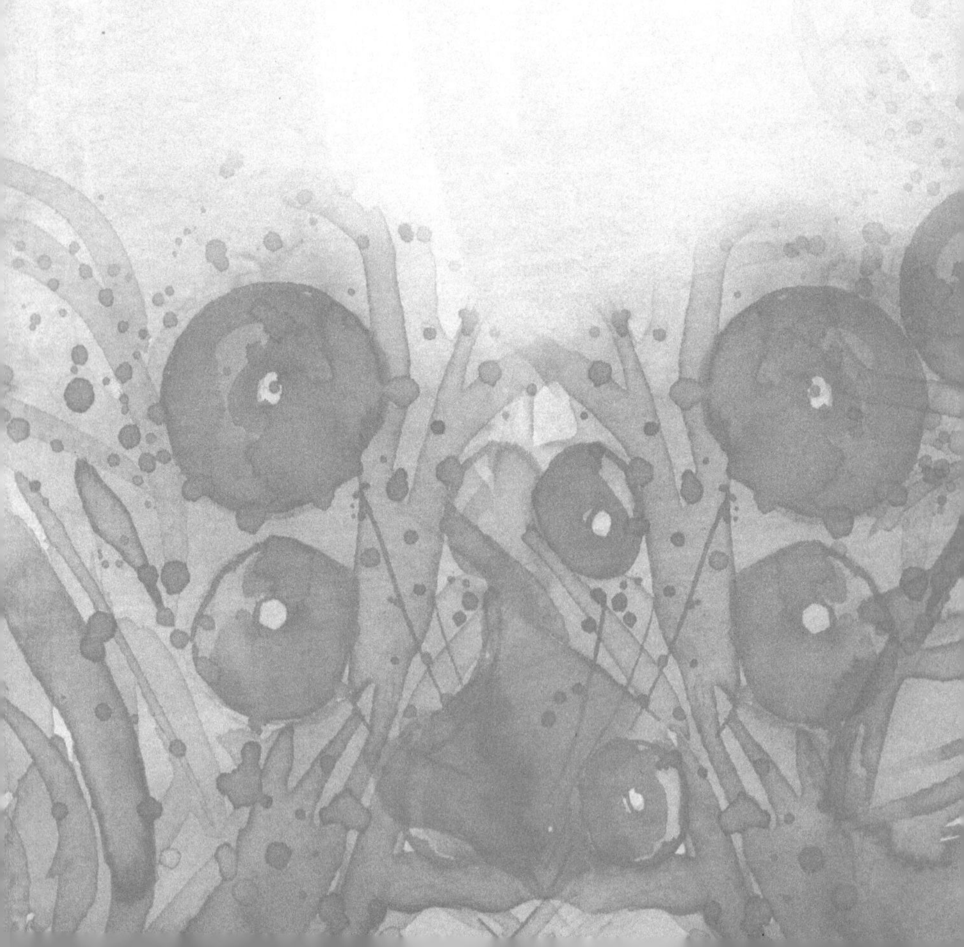

A enfermeira não demorou a retornar, e vendo-me obviamente abatida, simplesmente sentou-se ao meu lado, como se aguardasse a minha manifestação, o que não tardou.

– Celina, quanto tempo desperdiçado quando no planeta, que não percebi o valor dos relacionamentos familiares ou mesmo com amigos. Meu Deus, fiquei voltada apenas para os meus negócios, e para quê?

"Todas as conquistas e o dinheiro ganho ficaram para trás num piscar de olhos enquanto eu negligenciava os sentimentos verdadeiros, fazendo pouco até, daqueles que assim pensavam ou agiam."

Tal qual a minha mãe, ela também segurou as minhas mãos entre as dela, e pude sentir energias novas invadirem-me, como se ocorresse um processo de transfusão. Foi então que ela, não me deixando afundar ainda mais no meu processo de baixa autoestima, disse:

– Compreendo as suas manifestações, mas é necessário que separemos um pouco os pontos levantados por você.

– Como assim?

– Veja, Claudete, a sua dedicação ao trabalho trouxe frutos importantes para clientes e funcionários e, ele, o trabalho, não poderá ser menosprezado em tempo algum, pois é o motivador da nossa melhoria, e também do planeta, quando nos encontramos estagiando nele.

"Se por um lado ele possui a capacidade de auxiliarmo-nos em nossa evolução, não poderá se tornar exclusivo para alcançarmos tal desiderato.

"Ele faz parte do processo, sendo que, por nossa vez, necessitamos ampliar a nossa visão, porque a vida é feita de inúmeros outros sentidos, como aqueles voltados para a nossa essência, que podemos classificar como exercícios do amor, divididos em perdão, auxílio, relacionamentos construtivos, pacificação, enfim, todos os itens de grandeza interior a serem desenvolvidos em nós, até porque são ínsitos à criatura, para que, por sua vez, sejam externados para os nossos semelhantes.

"Foi Jesus mesmo quem declarou o valor que o trabalho possui, porque disse: **Meu Pai trabalha até agora, e eu trabalho também.*

"No entanto, não somente vemos o Senhor em atividade junto ao seu pai, como humilde carpinteiro, voltado inicialmente para o bem de sua família, para logo em seguida, estender para a família maior, a humanidade, através de Sua grandiosa missão, a salvação de nós mesmos, com o serviço de propagação da Boa Nova.

"Vemos o Senhor trabalhando, porém, jamais negligenciando os momentos em família, fosse na casa de Pedro, um dos seus apóstolos, como também na residência de muitos daqueles que lhe receberam, mostrando-nos que a nossa existência precisa ser completa e não somente voltada para um único objetivo."

– Celina, sou grata pelas suas palavras, mas o que faço agora da minha vida?

– Ora, minha irmã, o Senhor nos proporciona incessantemente novas oportunidades de servir.

---

* Nota da Editora: João 5:17

Vamos colocá-la junto às turmas de estudo em nossa instituição para depois ofertar-lhe serviço construtivo e as oportunidades de relacionar-se com os nossos irmãos e irmãs que integram o nosso círculo, incluindo também aqueles que continuam laborando no planeta, pois nada nos separa deles, e o fato de não interagirmos com um corpo adensado não significa que não possamos, quando eles mesmos entram em sono natural com o consequente desdobramento, estar juntos em momentos sublimes, todos eles coroados no amor.

Pelas energias absorvidas daquele coração amoroso, senti-me restabelecida e motivada, para questionar-lhe:

– Então, quando começo?

– Hoje mesmo vou levá-la até um dos nossos instrutores para que você possa ingressar num dos nossos inúmeros cursos. Peço apenas que você descanse um pouco mais, e tão logo uma das classes esteja reunida, volto para levá-la até lá e apresentá-la convenientemente.

Agradeci, sensibilizada, à nova amiga, todo o interesse por mim, e nos despedimos como se nos conhecêssemos há décadas.

CAPÍTULO 16

Julgamentos precipitados

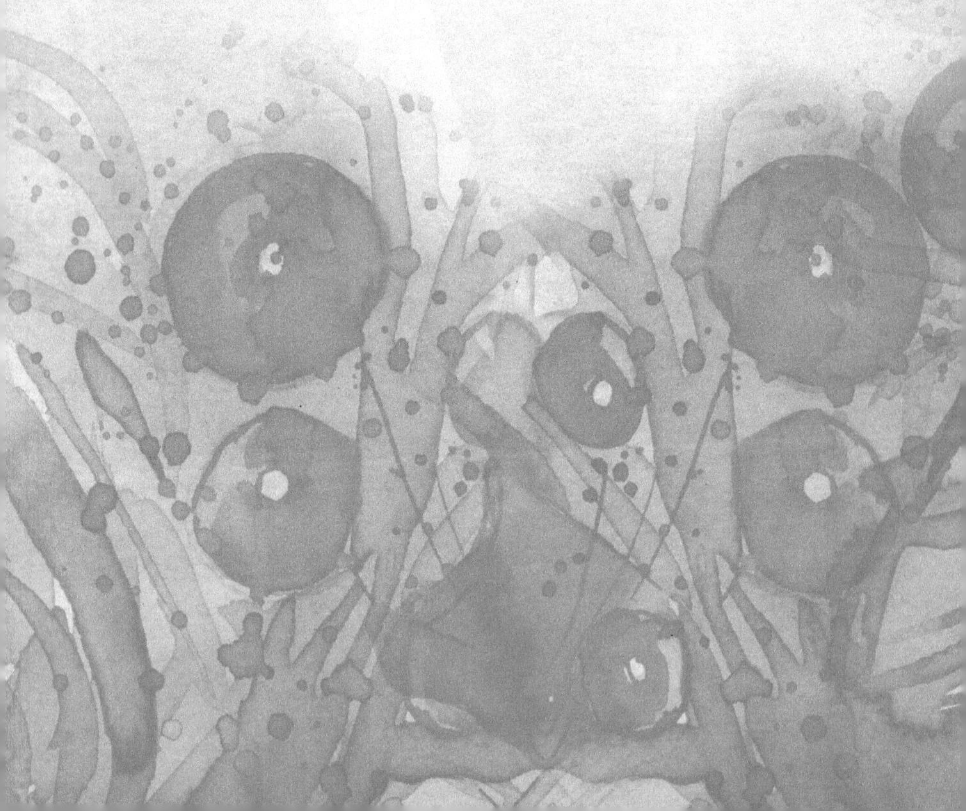

Tive a impressão de que não cheguei a dormir pesadamente por mais de meia hora, e assim era sempre que a Celina ou o Doutor Otto me aplicavam energias extremamente salutares, conforme eu podia registrar com os parcos recursos do meu conhecimento a respeito do assunto.

Logo estava sendo preparada pela enfermeira, que então me conduziu para um outro andar da instituição, informando-me que ele era reservado única e exclusivamente para a área de ensino.

Caminhamos por muitas salas e notei que todas elas estavam repletas de alunos que procuravam se acomodar, como se todos houvessem recebido um sinal informando que as aulas estavam por começar.

Finalmente chegamos à sala onde eu seria inscrita, e para minha completa e total surpresa, ela se encontrava repleta de alunos extremamente jovens, aliás, talvez o mais velho tivesse dezoito anos no máximo.

Um dos rapazes me recebeu, e pela sua aparência, deveria ter acabado de sair da adolescência, sendo que estendeu a sua mão em cumprimento, dando-me as boas-vindas e informando seu nome: Eduardo.

A Celina despediu-se, e quando estava próxima à porta de saída, pedi licença para o jovem à minha frente e procurei segui-la, solicitando que parássemos um pouco no corredor, fora das vistas dos demais participantes.

Fui direto ao assunto, perguntando:

– Minha querida, desculpe-me a abordagem, porém, eu não devo estar inscrita na turma errada? São apenas garotos e garotas praticamente saídos da adolescência.

"Por favor, não me leve a mal, mas venho fazendo um esforço enorme para assimilar os novos procedimentos nessa dimensão onde me encontro, contudo...

A enfermeira, como se lesse o final da frase antes que eu pronunciasse, completou:

– É muito difícil fazer alterações significativas nas questões dos valores e mesmo das nossas análises do que possa estar ocorrendo.

– Exatamente, Celina! Não creio que possa haver mudanças drásticas só por causa do fenômeno chamado morte.

– O que não tem nada de fenomenal, não é mesmo, Claudete?

– Bem, isso é uma realidade...

Ela, com profundo carinho, continuou:

– Não será prematuro fazer julgamentos por conta das aparências dos participantes, e mesmo do Eduardo, que é o responsável pela classe?

– Celina, você está me dizendo que o professor ou o título que vocês usam por aqui, é aquele menino?

Ela não respondeu, porque o Eduardo surgiu à porta informando:

– Claudete, caso você esteja disposta, gostaríamos de iniciar a nossa aula. Podemos contar com você?

Fiquei desnorteada com o convite e respondi, completamente sem jeito:

– Sim... claro... desculpe se causei algum atraso.

– Absolutamente. Estamos no horário.

Entrei e foi-me apontada uma das cadeiras vagas, exatamente no meio de duas outras jovens, e assim que me acomodei, ambas se apresentaram sorridentes dando-me as boas-vindas, fazendo sentir-me uma verdadeira colegial junto às amiguinhas.

Não poderia negar que os meus pensamentos poderiam até me trair, porque aquela situação era para mim extremamente ridícula, como se eu houvesse retornado aos bancos escolares iniciais.

Procurei respirar fundo e conferir onde tudo aquilo iria dar, acreditando que talvez discutíssemos os problemas de acnes no rosto.

Não consegui segurar uma ponta de riso, exatamente quando o Eduardo nos convidou a acompanhá-lo em uma prece.

Fiquei, na verdade, observando aquele garoto orar, contudo, ocorreu algo surpreendente, pois as suas rogativas eram de um adulto com capacidades admiráveis, dando-me ainda indícios de que ele como um todo se iluminara, como se isso fosse possível. Considerei estar passando por uma ilusão de ótica ou talvez fosse a iluminação ambiente que produzira tão interessante efeito.

Ele, encerrando a prece, fez questão de apresentar-me à turma, informando meu nome para que todos praticamente em uníssono me cumprimentassem.

Em seguida, veio um convite estranho. O Eduardo, com um pequeno livro em suas mãos, virando-se para mim, disse:

– Claudete, você gostaria de fazer a leitura para nós? E caso queira incluir alguns comentários a respeito da lição, poderá fazê-los com livre interpretação.

Interiormente achei graça, pois iria ler um trecho e interpretá-lo para um bando de garotos. Com a experiência que eu possuía na minha área de atuação, aquilo seria o mesmo que ler uma cartilha para crianças no jardim de infância.

Levantei-me resoluta e tomei o pequeno livro nas mãos e passei os olhos rapidamente sobre a primeira frase, que se tratava de um ensinamento de Jesus, com a anotação do Evangelista Mateus 7:3-4: *Por que reparas tu o cisco no olho de teu irmão, mas não percebes a viga que está no teu próprio olho? E como podes dizer a teu irmão: Permite-me remover o cisco do teu olho, quando há uma viga no teu?*

O trecho que interpretava os versículos era de tal profundidade, que à medida que eu lia, tinha a impressão de que o teto da sala iria desabar sobre a minha cabeça, tamanho era o embaraço que confrontava os meus pensamentos iniciais.

Quando encerrei a leitura olhei para a turma, que deveria ser de uns quarenta participantes, e notei que todos aguardavam que eu fizesse algum comentário a respeito do texto.

O constrangimento me envolveu de tal forma, que eu disse apenas:

– Creio que a mensagem dispensa comentários.

Devolvi o livro para o Eduardo e sentei-me em minha posição, sentindo-me como se fora o último dos Moicanos, quando uma das minhas coleguinhas falou, procurando me consolar:

– Belíssima leitura, Claudete, obrigada.

Naquele instante de completo desconcerto por não saber sequer fazer uma interpretação em virtude da minha completa ignorância sobre os aspectos espirituais, e também às questões voltadas aos julgamentos precipitados, pensei que caso houvesse um buraco no piso eu me enterraria, nem que fosse apenas a cabeça, bem no estilo de um avestruz.

CAPÍTULO 17

Reflexões

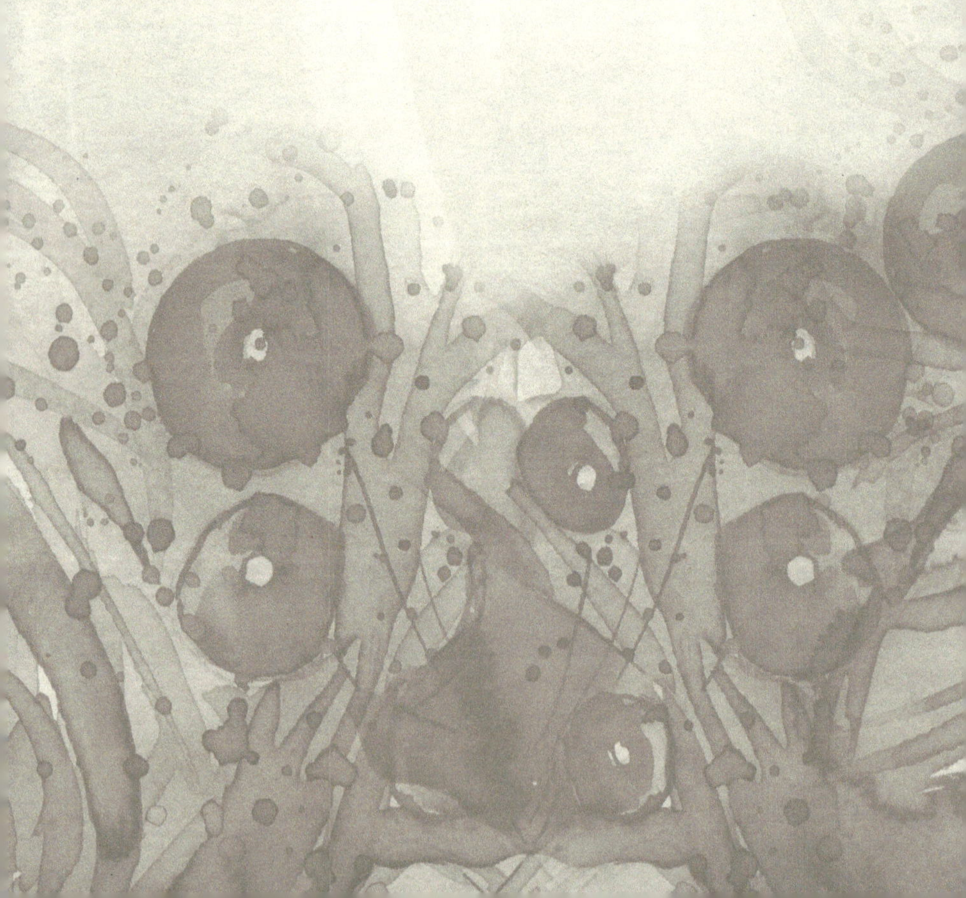

A atitude do instrutor e dos demais alunos continuou com a normalidade tal qual ocorrera desde a minha chegada, sendo que todos os presentes não exibiram qualquer ponta de dissimulação, visando não me constranger.

O Eduardo iniciou a preleção abordando o tema relativo à continuidade da existência, demonstrando a naturalidade com que a vida se desdobra para além do túmulo, quebrando todas as antigas concepções relacionadas com a morte, que de certa forma ainda é apresentada com requintes um tanto quanto excessivos e mesmo, em alguns casos, lúgubres.

Alertou-nos quanto ao respeito ao corpo já sem a vida orgânica, informando-nos a possibilidade de alguns casos o Espírito desencarnante estar consciente ao lado dele ou em fase de desligamento final.

Para isso, pensamentos elevados, preces e redução de conversas no ambiente são pontos primordiais para que a nossa postura seja a de auxílio efetivo ao desencarnante, conforme ele se referiu às pessoas que deixavam o planeta em definitivo, por se tratar o corpo de um instrumento abençoado para a nossa manifestação na dimensão mais adensada.

Falou-nos também sobre os excessos cometidos por muitos daqueles que se encontram na experiência física, onde a negligência passa a ser o mote central, reduzindo em largo tempo a estada daquele que assim procede, comprometendo não apenas a sua própria existência diante da proposta reencarnatória, como também, alterando ocasionalmente o bom andamento das pessoas que estejam a eles vinculados e por vezes em grau de dependência extrema, como filhos ou mesmo pais, parentes ou amigos.

As observações referentes a negligência, a começar da minha saúde, incluindo também o relacionamento com as demais pessoas do meu círculo mais próximo, caíram sobre mim como se fosse um raio, cujo clarão despertava-me a consciência do que eu houvera feito com a sagrada oportunidade da existência, e como o meu comportamento afetara essas pessoas tão caras, incluindo aqueles que foram os meus funcionários.

Fazendo uma avaliação rápida sobre a minha curta passagem pelo proscênio terrestre, concluí como teria sido diferente se eu tivesse procurado estabilizar trabalho, relacionamentos e não deixado de incluir a minha espiritualização.

No quesito espiritualidade, eu não poderia reclamar de absolutamente nada e sequer atribuir culpa a quem quer que fosse, porque meus pais deram-me orientação junto à religião que professavam na época, contudo, eu literalmente dei de ombros todos os conselhos ou sugestões a mim direcionados.

Colhia agora, através das minhas reflexões, pelo arrependimento, o desprezo aos valores reais do Espírito, tendo a certeza que poderia ter realizado muito mais em matéria de atividades profissionais, mantendo-me equilibrada à frente delas e não me tornando uma máquina fascinada por elas.

Era isso que martelava a minha mente: eu houvera me imposto um processo autofascinante em relação ao sucesso no trabalho, sem poder sequer usufruir dos resultados junto aos meus.

Fiquei tão absorta em minhas elucubrações, que não mais acompanhei o instrutor nas abordagens que se seguiram, e surpreendeu-me quando ele deu a aula como concluída, solicitando que um dos alunos se responsabilizasse pela prece de encerramento.

CAPÍTULO 18

Aparências revisadas

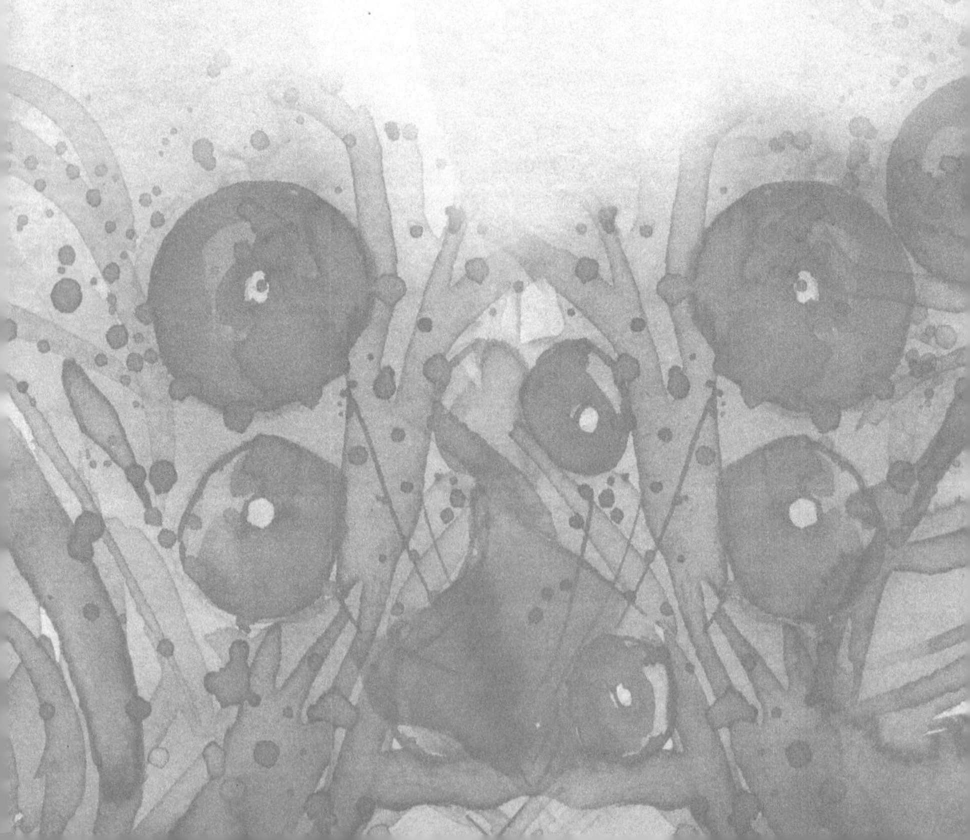

Encerrada a aula, a grande maioria dos alunos se despediu do Eduardo com menções de peculiar respeito, como se estivessem à frente de um grande mestre.

Da minha parte, eu realmente não saberia o que dizer a respeito dele, um verdadeiro garoto que parecia dominar um assunto para mim completamente desconhecido.

Como eu me mantive sentada observando a movimentação final, tão logo as saudações terminaram, ele aproximou-se perguntando:

— O que você achou da nossa aula? Ela atendeu às suas expectativas?

Procurei melhor as palavras para não parecer rude, mas ao mesmo tempo, resolvi dizer-lhe a verdade:

— Sendo sincera, os apontamentos me levaram a reflexões a respeito da minha vida, fazendo que eu literalmente perdesse grande parte do assunto que era tratado. Creio que devo desculpas a você...

— Absolutamente, Claudete. Por vezes esta situação é passível de acontecer. Espero realmente que esses momentos de revisão possam ter sido úteis.

Eu estava um tanto atônita diante daquela figura ímpar, por ser eu uma pessoa adulta, confessando algo particular para um sujeito que mal parecia estar saindo da adolescência. Para fechar o quadro, faltava para ele apenas uma boa quantidade de acnes em seu rosto.

Notei que algo de estranho ocorreu nesta última frase pensada por mim, porque ele sorriu e disse:

– Por vezes precisamos mergulhar fundo em nós, em nosso íntimo, para fazermos que possam vir à tona conceitos ultrapassados em relação a nós mesmos e também às pessoas que nos circundam, porque somos ágeis no julgar severamente os outros.

"Quando nos referimos a nós, caso não façamos uma autoanálise com o devido cuidado, entramos em sérias acusações, desperdiçando tempo e energia, terminando por culparmo-nos seriamente, estacionando e impedindo o avanço evolutivo por vivenciarmos a realidade daquilo que já foi e que serviu para o aprendizado mostrando-nos o caminho correto a seguir.

"Agora, em relação aos outros, os reflexos se mostram patentes, solicitando-nos que possamos analisar também o que nos incomoda no outro, porque neste caso, o problema a ser solucionado com o tempo está em nós, por vezes em completa inconsciência."

Apesar das colocações simples que foram vazadas pelo meu interlocutor, da minha parte não gostei do que houvera sido dito, mas achei por bem não replicar e sim levar o assunto para outro lado:

– Você tem razão, mas quais as medidas práticas para alterar o quadro e alcançar patamares mais significativos?

Ao fazer o questionamento, interiormente meus pensamentos estavam voltados para os meus interesses em áreas que pudessem ser mais significativas em relação ao aprendizado, evitando desta forma continuar numa sala repleta de adolescentes.

O Eduardo, sem perder a elegância, respondeu:

— A recomendação de Jesus se faz clara para todos nós que ansiamos para novas descobertas, conforme registro em Lucas 21:19: *Na vossa paciência possuí as vossas almas.*

"De nada irá nos adiantar querermos apressar a nossa participação em áreas que necessitem da nossa boa vontade, porém, somente ela não fará que possamos realizar um bom trabalho. É necessário que estejamos devidamente qualificados para o tentame, para que a inexperiência não cause danos a nós mesmos e também a aqueles que nos cercam ou sejam o objetivo das nossas ações.

"Não é assim na vida como um todo? Em nossa experiência terrestre por vezes não agimos de maneira equivocada em relação a nós mesmos, negligenciando a saúde, relacionamentos e o equilíbrio no que estávamos realizando?"

O Eduardo parecia ter sido informado de detalhes sobre a minha vida, porque tocava nos pontos cruciais que eu sabia ter falhado.

Notei que para cada apontamento da minha parte, ele de forma simples contra-argumentava deixando-me em situação delicada diante de mim mesma.

As questões voltadas para as aparências eram literalmente destroçadas, fazendo que eu repensasse nos meus valores e julgamentos apressados.

Apesar de eu ser hábil nas palavras, a continuidade com o meu interlocutor somente me traria maiores contrariedades, porque me faria encontrar outros pontos na minha personalidade, as quais eu não estava apta a suportar em tão breve tempo. A melhor medida naquele momento era a retirada. Sendo assim, eu finalizei:

— Agradeço o seu tempo. Creio que eu tenho por hoje mais uma boa quantidade de material para as minhas reflexões.

Ele sorriu e completou:

— Não por isso, Claudete. Saiba que estaremos aguardando você para as nossas próximas aulas. Gratidão por ter participado dos estudos conosco. Vá em paz, minha irmã.

CAPÍTULO 19

Seguidas lições

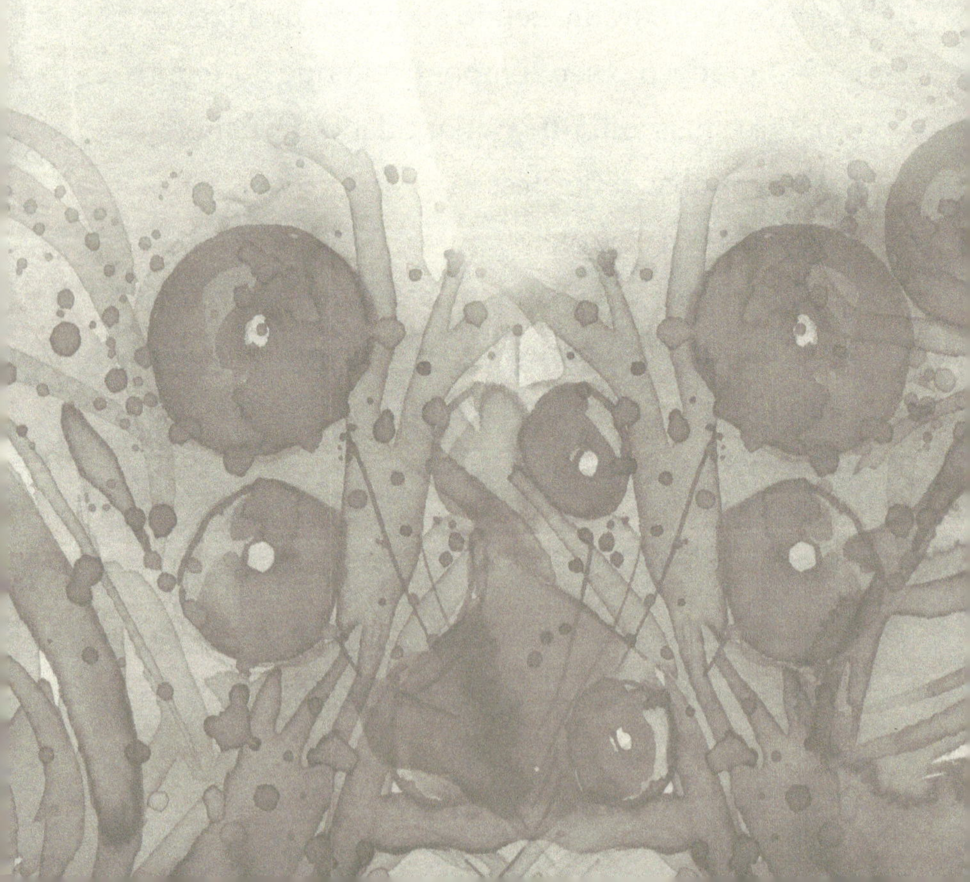

Ao sair da sala de aula, a Celina me aguardava, e me cumprimentou sempre com sua maneira meiga de ser, perguntando em seguida:

– Me fale, amiga, como foi a sua primeira aula?

Sorri meio sem jeito antes de responder:

– Apesar do Eduardo possuir conhecimento e uma didática incrível, não deveria eu ter sido alocada em uma classe diferenciada?

"Eu explico: a começar do instrutor, pelo que pude notar, são na sua grande maioria, um punhado de adolescentes."

Ela sorriu e disse:

– Esse é o processo renovador das mentes dinâmicas, que em alguns casos preferem apresentar-se com a livre escolha que possuem, ou então com o momento marcante que experimentaram em algumas das suas reencarnações, quando deixaram o corpo físico em faixa etária tal qual se mostram.

– O Eduardo, Celina?

– Trata-se de um grande trabalhador, Espírito de alta envergadura, que no período em que esteve reencarnado no planeta, foi um exímio servidor do Cristo em comunidade afastada de recursos no interior do nosso país, onde servindo como médico atendia pessoas carentes de tudo, exercitando a caridade conforme ensinada pelo Mestre.

"Sua aparência jovial, demonstra a dinâmica do Espírito e de uma das suas existências, quando foi perseguido por praticar a Doutrina Cristã, no século XII, período do Cátaros na França, cujas práticas foram consideradas heréticas pela igreja e seu destino foi a fogueira, como muitos dos seus contemporâneos."

Mais uma vez eu tinha a sensação de que o teto poderia desabar sobre a minha cabeça a qualquer momento pelos meus julgamentos precipitados.

No entanto, a enfermeira, gentil como de hábito, informou:

– Mas eu não vim até aqui para simplesmente saber a respeito da sua aula, e sim por instrução do Doutor Otto para transferi-la da enfermaria para um aposento adequado, na mesma área onde ficam os servidores dessa instituição.

"Trata-se de um dos edifícios interligados pelo subsolo, onde somos alocados, e caso você queira, posso dirigi-la até lá."

— Claro, Celina. Vamos sim.

Tal qual ela houvera anunciado, fomos até o subsolo do edifício, e por ele avançamos até a área designada, que se tratava de uma outra unidade de quatro andares, com espaços consideráveis.

A enfermeira seguiu à frente, e tão logo chegamos, entramos em uma pequena suíte, onde não havia mais do que uma cama, um pequeno armário e uma mesa de trabalho.

Eu que me acostumara ao luxo de um belo apartamento, parecia-me agora estar retrocedendo na vida, coisa para mim desconhecida, mesmo durante o período que estive dependendo dos meus pais, que me ofereceram o que havia de melhor.

Mais uma vez, pareceu-me que os meus pensamentos me traíram, porque a enfermeira disse:

— São instalações simples, mas muito confortáveis, até porque, para as conquistas de posições melhores, teríamos que nos mover para uma das cidades próximas, tendo, para o alcance de uma residência mais espaçosa, por exemplo, possuir créditos de serviço prestado.

Como eu já me encontrava em situação delicada, talvez por ter expressado o meu descontentamento na minha face, dei continuidade:

— Que tipo de créditos são esses, Celina?

— Horas trabalhadas em favor do próximo, Claudete, sem qualquer interesse direto ou imediato, e sim colocando o que possuímos de melhor no coração ao alcance dos irmãos mais necessitados do que nós mesmos.

Calei-me por não possuir argumentos suficientes diante da lógica que preponderava nessa dimensão que eu praticamente houvera acabado de aportar, com lições que exigiriam de mim profunda humildade, eliminando à minha maneira de julgadora apressada.

Agradeci pelas instalações, e antes de sair, a enfermeira, virando-se para mim, informou:

— Na mesa de trabalho, em suas gavetas, você encontrará várias obras que poderão em muito auxiliá-la no conhecimento da dimensão dita espiritual, essa que estagiamos no momento, e ao mesmo tempo a possibilidade do aprofundamento no conhecimento de si mesma.

CAPÍTULO 20

Tocar em frente

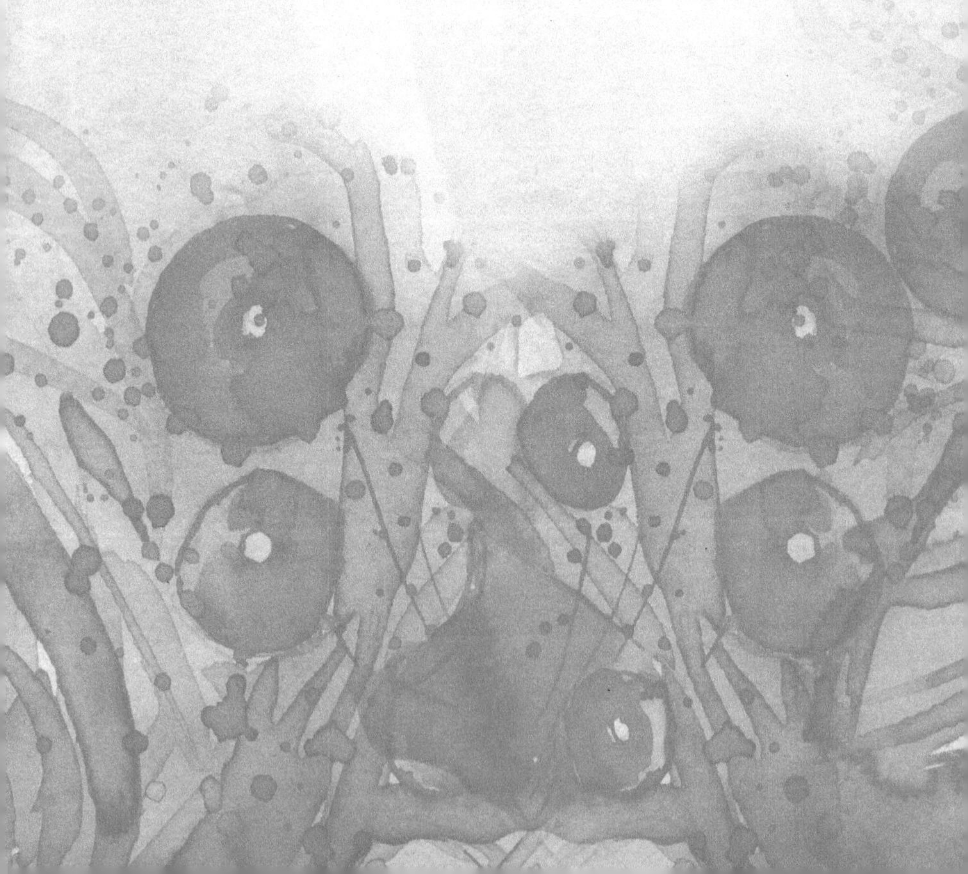

Pela minha maneira de ser em relação ao conhecimento, ou por orgulho mesmo, eu não permitiria mais passar pelos vexames sucessivos a mim reservados, promovidos pela total ignorância sobre o que a dimensão nova se apresentava.

Abri sofregamente as gavetas e de fato constatei que um bom volume de obras estavam à minha disposição, incluindo um exemplar do Novo Testamento.

Por ter participado de um curso de leitura dinâmica e treinado muito, em virtude dos processos que teriam que ser analisados, passei a mão em duas ou três obras e, durante parte do dia, avançando para altas horas da noite, fiquei debruçada sobre aqueles livros que passavam a exercer verdadeiro fascínio sobre a minha pessoa.

Fascínio esse no bom sentido, porque um universo inteiramente novo se abria para mim, despertando-me valores inéditos e, nas reflexões realizadas, via agora o desprezo pela abençoada oportunidade que me fora concedida pela reencarnação, que terminei por negligenciar maltratando o corpo por um procedimento excessivo, obsessivo mesmo, em um único objetivo: ser reconhecida como uma das melhores profissionais na minha área.

Fora lamentável o afastamento proposital da família, principalmente dos meus pais, com quem eu poderia muito provavelmente ter me interessado na Doutrina que ambos haviam abraçado, e obviamente ter me poupado dos dissabores que havia me implementado, até porque, um bom grau de conhecimento eu possuía a respeito da minha saúde, cujo descuido me custara a existência.

Tão precavida nos negócios, não soubera administrar o maior patrimônio de todos, a vida no planeta, e com ela a prática do amor nos relacionamentos mais básicos, a começar da sociedade que me abrigara: a família.

Mas, de forma objetiva, eu não poderia ficar me lamentando, e sim, como era do meu costume em causas que houvera perdido no campo profissional, o foco seria tocar em frente e refazer caminhos, agora, porém, sem a ansiedade e a pretensão de querer abraçar o mundo.

Tais pensamentos acorriam céleres em minha mente, contudo, eu sabia que os aspectos práticos exigiriam grande esforço de minha parte. Todavia, já era um começo e eu precisaria me dedicar a vencer determinadas barreiras dos hábitos estruturados de longo tempo.

Com a leitura, comparações e reflexões sobre as obras, fazendo com elas um paralelo com a minha existência, pelo menos aquela que era possível ser lembrada e que tivera uma curta duração, sequer vi a hora passar e terminei por pegar no sono sentada diante da mesa, debruçada em cima dos livros.

Fui despertada docemente pela Celina, quando o sol nascera há pouco tempo, e ela sempre com o seu sorriso afável, disse:

– Claudete, vejo que você mergulhou fundo nas leituras, mas sabe que será adequado manter a calma para a absorção de tanto conteúdo, não?

Eu, procurando me recuperar, respondi:

— Sim, é um fato, mas fiquei realmente impressionada, e porque não dizer, tocada mesmo, com tamanho volume de informações sobre mim mesma, dando-me a impressão de que grande parte desses livros haviam sido escritos para mim, principalmente aqueles que analisam passagens de Jesus quando do seu período sobre a Terra.

— Amiga, não é só você que possui essas impressões, até porque, são obras que nos fazem mergulhar fundo em nós mesmos, abrindo-nos as oportunidades de nos conhecermos um bocadinho mais, respeitando logicamente as possibilidades de cada um.

— Celina, esse material todo já está disponível no planeta?

— Sim, desde o lançamento do O Livro dos Espíritos, em 18 de abril de 1857.

— Meus Deus, onde eu estava que nunca tive a menor chance, ou porque não dizer, interesse em encontrar tamanhos tesouros.

— Talvez, Claudete, como muitos de nós, ocupada com os afazeres da vida, praticamente com um único foco.

Nesse particular eu precisava concordar com a minha interlocutora, pois de certa forma, ela descrevia exatamente a minha maneira de viver, e se tal houvera se passado, era certo que em outras existências, pelo menos as mais próximas, eu houvera agido de forma muito idêntica, sempre voltada para os interesses imediatos, fazendo que eles se constituíssem no único objetivo da minha vida.

Fixei os meus olhos no seu olhar e tive a impressão mais uma vez que era entendido nos mínimos detalhes o que se passava em minha mente.

No entanto, não querendo alongar-se, muito provavelmente para não me deixar embaraçada, ela falou:

— Vim buscá-la para te convidar ao setor de atividades voluntárias. Não sei o que você acha. Gostaria de conhecê-lo?

— Por que não, Celina? Deixe-me dar um jeito na aparência, e vamos sim.

CAPÍTULO 21

Oferta de trabalho

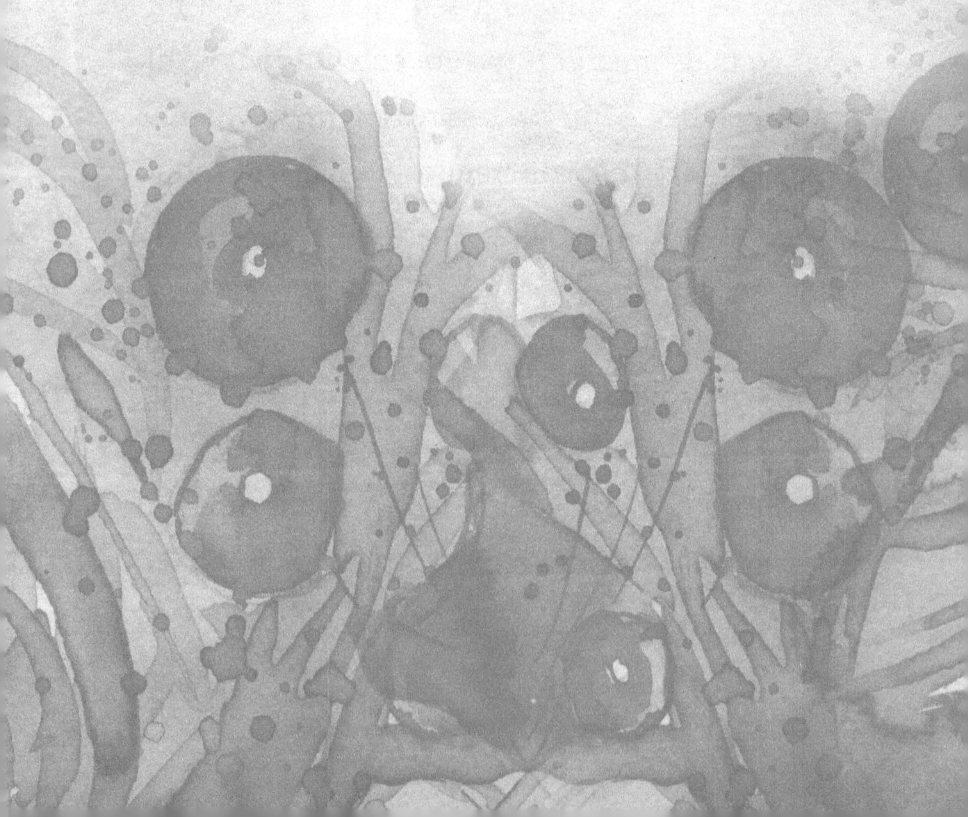

À medida que eu ia me integrando na instituição, admirava as construções e os espaços entre os edifícios, sempre circundados por imensos jardins e fontes preciosas de águas cristalinas, rodeadas de flores radiantes e perfumosas.

Nesta oportunidade, saímos de um edifício para o outro não mais pelo subsolo, podendo então ser apreciado por mim a beleza e o cuidado do imenso complexo.

Era possível visualizar que trabalhadores serviam em todas as áreas, utilizando de seus respectivos uniformes, os quais sinalizavam as suas especialidades.

Ao entrarmos no prédio para onde nos dirigíamos, logo à sua porta, verifiquei uma placa sinalizando que se tratava de uma unidade especializada em "saneamento".

Curiosa, preferi indagar a minha nova amiga:

– Todo esse edifício é voltado para essa especialização, Celina?

– Sim, Claudete. Desde a chegada dos nossos irmãos resgatados nas mais difíceis condições, como também, tudo o que se refere a higiene e limpeza nas demais unidades.

Achei por bem não dar continuidade no questionamento, por achar que muito provavelmente o médico, ou talvez a enfermeira mesmo, estivessem incorrendo em algum equívoco, pois a minha área de formação era completamente diferenciada daquela que visitávamos.

Avançamos, e utilizando de um elevador, nos dirigimos a um dos andares onde máquinas de enormes proporções eram utilizadas para a lavagem e secagem de toalhas, lençóis, uniformes e tudo o mais que poderia ser usado em uma unidade hospitalar.

Olhei interrogativamente para a minha acompanhante, que notando com clareza a minha dúvida, esclareceu:

— Amiga, este setor está necessitando de voluntários. Para dar início nas suas atividades no complexo que nos abriga, o que você acha de aderir a esse grupo?

A pergunta me chocou de imediato, e não conseguindo disfarçar a impressão desagradável que me causou, respondi com outra questão:

– Como minhas especialidades são outras, não poderia ser mais bem aproveitada em trabalhos de escritório, por exemplo? Não que eu ache que essa atividade não possua alto grau de importância, mas é pura e simplesmente a utilização melhor das minhas capacidades.

Ela sorriu antes de responder, completando:

– Posso compreender o seu desapontamento, contudo, o servir se reveste do amor que colocamos na execução de nossas tarefas, sejam elas de mando ou obediência.

"Quando trabalhamos para o bem-estar do nosso semelhante, com o objetivo de transformarmos suas vidas para melhor, nossas atividades são alteradas para verdadeiros degraus de evolução, não importando a posição que ocupemos. Todavia, se o que lhe é oferecido no momento não é do seu agrado, poderemos em uma próxima oportunidade encontrar outra posição."

Como me encontrava agora em situação delicada à frente da enfermeira, procurei minimizar o impacto e respondi:

– Não, em absoluto. Somente achei a princípio o que poderia ser melhor, no entanto, se é o que temos para o momento, gostaria de poder auxiliar.

– Ótimo, Claudete, porque nessa área de atuação, será possível você exercitar, junto aos nossos irmãos e irmãs aqui envolvidos nesse trabalho, as energias positivas da dedicação, vendo que tudo se encaixa no amor do nosso Senhor, pois a forma que realizamos o nosso trabalho, imantamos com o nosso próprio magnetismo, favorecendo todos aqueles que se utilizarão dos resultados produzidos por nós.

– Desculpe, Celina, mas até em artigos desta natureza?

– E por que não? Tudo é energia materializada da forma que nos seja mais adequada para a sua utilização. Logo, podemos atuar com os nossos pensamentos, que são energias mentais ou matéria mental, influindo no que estamos fazendo e depositando o que podemos de melhor em nossas realizações, sendo que o contrário também é verdadeiro.

"Veja as produções agradáveis ou desagradáveis, que são fruto de mentes equilibradas ou não, utilizando dos mesmos potenciais energéticos, contudo, em determinadas mentes, ainda em condições contrárias à nossa real natureza, conforme lembrado por Jesus, sobre a nossa condição divina."

Realizei que era melhor assimilar as informações e aceitar o que me era ofertado naquele momento, sem criar celeumas a respeito. Decidida, perguntei:

– Está certo, Celina. Como ou quando posso começar?

– Agora mesmo. Venha, vou apresentar-lhe para o responsável de plantão.

CAPÍTULO 22

Revisando conceitos

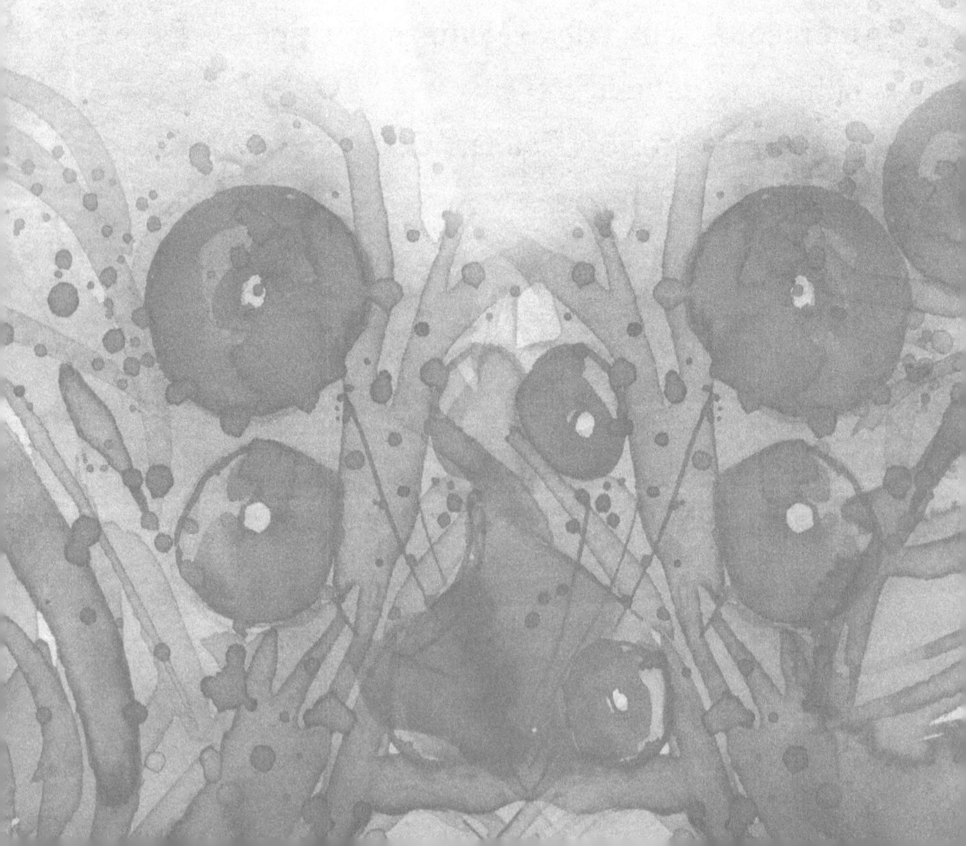

Me pareceu, a princípio, ser até mesmo uma brincadeira, porque assim que o responsável de plantão surgiu à nossa frente, era também como o Eduardo ou até mais jovem, um garoto.

Como já houvera sido informada pela Celina a respeito da grandeza dos Espíritos que por vezes se apresentavam em vestimentas corpóreas, neste caso, espiritual, muito rejuvenescidos, o importante, pelo menos para mim, era não demonstrar qualquer estranheza quanto ao fato, sendo que para isso, eu como advogada treinada, sabia relativamente bem em determinados momentos disfarçar a minha surpresa, coisa que parecia não funcionar nesta dimensão.

A sensação que me percorria o corpo como um todo era de estar sendo lida por dentro, como se uma minicâmera houvesse sido instalada e, com o funcionamento dela, tornar-se impossível manter posturas que não fossem verdadeiras.

Contudo, a discrição por parte daqueles que buscavam me amparar era tamanha, que em determinados instantes, com a minha maneira direta de ser, teria, no caso deles, literalmente faltado com a caridade e dito as verdades que a pessoa necessitasse ouvir, segundo os meus parâmetros, caso detivesse aquelas faculdades no mínimo intrigantes.

O rapaz afrodescendente surgiu com um sorriso e gestos acolhedores, abraçando-me calorosa e respeitavelmente, como se eu fosse uma irmã sua de longa data.

Lembrou-me com o seu gesto, para mim até inesperado, a forma diferenciada que o César, o enfermeiro que se assemelhava ao meu irmão, me tratava.

Acreditei até que em alguns casos essa postura fosse meio ensaiada, apesar de não mais ter recebido uma visita sequer daquele enfermeiro.

Distraí-me com os meus pensamentos e somente voltei a dar importância ao que ocorria naquele instante, quando a Celina falou:

— Esse é o nosso irmão Osvaldo que lhe dá as boas-vindas, Claudete.

Saí das minhas divagações um tanto sem jeito para agradecer-lhe a recepção, colocando-me disposta às atividades que seriam a mim reservadas.

Ele agradeceu e informou em rápidas palavras:

— Você não imagina o quão valioso será o seu concurso junto a nós, simples tarefeiros, pois aguardávamos uma substituta para os serviços de "dobra", porque a irmã que tínhamos nessa atividade, está agora afastada preparando-se para novos desafios.

Não entendi as abordagens relativas à "dobra e novos desafios". Achei por bem perguntar:

— Desculpe, mas não estou familiarizada com determinadas terminologias. Por favor, você poderia ser mais específico sobre o trabalho e o afastamento da responsável por ele?

O meu interlocutor, sorrindo, falou:

— Sou eu quem te deve escusas sobre esses termos que terminam por ser comuns entre nós.

"O serviço de dobra é literalmente a dobradura e empacotamento de toalhas, lençóis, fronhas e outros tecidos utilizados nas mais diversas áreas da nossa instituição. Agora, em relação aos novos desafios, é como tratamos a fase preparatória da nova reencarnação no planeta, o que ocorrerá com a mencionada irmã em muito breve tempo."

Procurei manter-me com a mesma expressão no meu rosto para não demonstrar a contrariedade que me percorria o íntimo. Eu, uma advogada muito bem-conceituada, passaria a ser uma mera figura em uma gigantesca lavanderia, responsável por dobrar roupas, acessórios ou o que fosse. Imediatamente pensei: "Claudete, como você está mal conceituada.".

O rapaz, continuando com o seu modo satisfeito de ser, informou:

— Creio que você gostaria de conhecer alguns aspectos do trabalho para melhor decidir a sua posição conosco, não?

Senti-me mais uma vez sendo lida interiormente. Sem jeito, respondi positivamente.

Fomos encaminhadas, sendo que ele seguia à frente até um espaçoso local, todo ele cercado de grandes janelas envidraçadas, sendo possível observar através delas um ambiente bem ventilado, onde carrinhos recheados de toalhas e outros tecidos eram colocados perto de uma grande mesa, onde vários trabalhadores se encarregavam de dobrá-los e empacotá-los em material plástico transparente, sendo demonstrado um grau de higiene absoluta, a começar dos uniformes, luvas, máscaras e tocas que eram utilizados por eles, além de uma atmosfera interna que parecia transpirar saúde.

Olhei para o Osvaldo, que percebeu a minha extrema curiosidade, e informou:

– Como você pode ver, aqui é a linha final onde são realizados os serviços de preparação do material que passou por lavagem profunda e respectiva desinfecção.

– Noto que muitos itens já estão passados a ferro.

– Não são mais necessários esses expedientes, Claudete, porque o material utilizado não requer esse trabalho adicional. Somente fazemos as dobras e o empacotamento, debaixo evidentemente de um ambiente extremamente cuidadoso e higienizado, com o adicional óbvio das vibrações amorosas que procuramos impregnar neles.

Outra vez, uma informação diferenciada se apresentava para a minha surpresa. Não precisei perguntar, confirmando a impressão de que ele parecia ler as palavras como se fossem escritas na minha fronte, porque disse em seguida:

– Sim, fazemos o serviço de imantação, para que todos que possam utilizar do material que encaminhamos recebam os benefícios completos do amor e da dedicação que temos no que estamos realizando, beneficiando em muito os nossos assistidos, incluindo também todo o pessoal que trabalha nas mais diversas áreas da instituição.

"Lembra-se dos lençóis, toalhas e demais itens cuidados pelas nossas mães? Não possuíam eles um cheirinho especial, às vezes mesmo um toque diferenciado? São esses toques de amor que impregnam o que fazemos, criando as diferenças do como se faz, e não necessariamente o que se faz."

Eram sempre lições simples que, de uma maneira ou de outra, pareciam ser apropriadas para a minha condição de criatura orgulhosa que se posicionava acima das outras.

Sem qualquer contra-argumento ou mesmo uma observação que pudesse contribuir, questionei:

– O que devo fazer para iniciar nas atividades?

– Repassaremos as observações quanto ao serviço em si, incluindo o material que você poderá utilizar, como uniforme e demais aparatos, e também a forma de fazer.

– Osvaldo, não tenho conhecimento objetivo, e sim teórico apenas quanto às questões de magnetização.

Ele sorriu mais uma vez e completou:

– Minha querida Claudete, basta que a nossa tarefa seja feita com a maior boa vontade possível e que procuremos manter os pensamentos positivos desejando que as pessoas que se servirão do nosso esforço empreendido no material que irão utilizar, sejam envolvidas nessas energias que são nossas, unidas também, se assim desejarmos, com as bençãos do Senhor, através da prece que possamos empregar como recurso superior de ligação que possuímos em nossas almas.

"Então, caso você esteja interessada em ingressar em nossas atividades, posso apresentá-la para os demais colegas. O que me diz?"

– Estou pronta!

CAPÍTULO 23

Aparentemente simples

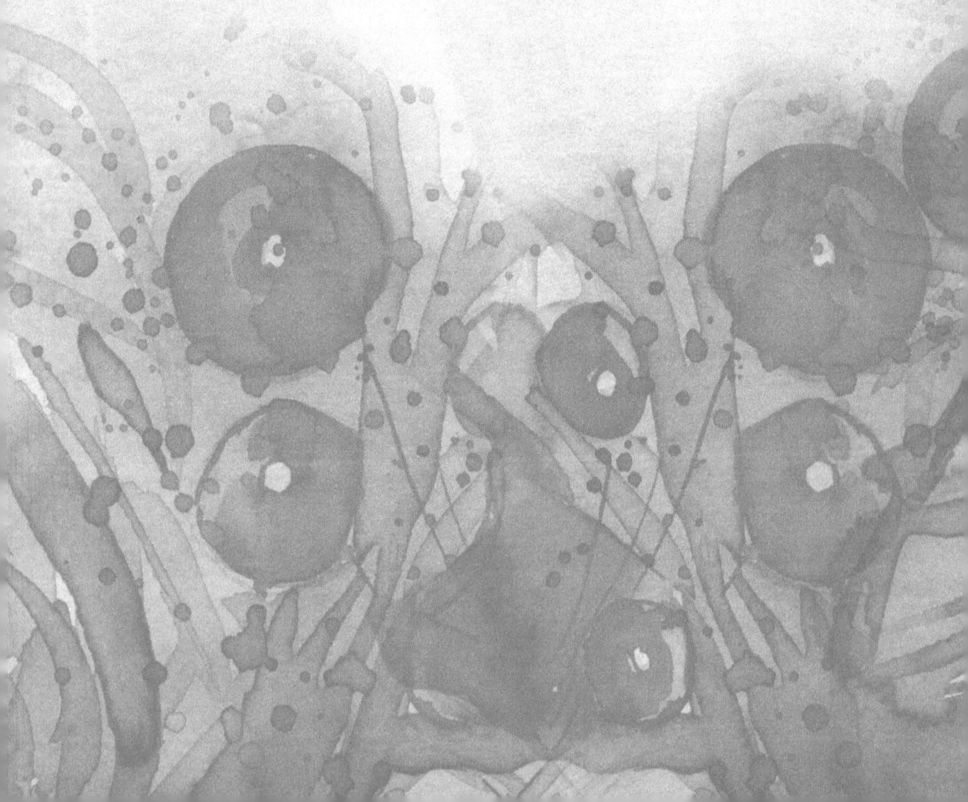

De acordo com as recomendações iniciais, me foram cedidos o uniforme e o material completo de proteção que eu pudera observar nos trabalhadores envolvidos com as atividades nas quais eu acabara praticamente de ingressar.

A Celina despediu-se, informando-me em seguida que eu me encontrava em muito boas mãos, desejando-me sucesso no serviço a ser iniciado.

Ato contínuo, acompanhei o coordenador das tarefas, que fez questão de apresentar-me para cada um dos membros envolvidos, dando-me em seguida a oportunidade de observá-los trabalhando.

Mais uma vez me deixei levar pelo meu orgulho, pois para o meu nível de intelectualização, aquela tarefa era simplória, comparável a atividades de uma criança, num dobrar e ensacar de peças que chegavam armazenadas em carrinhos devidamente fechados, e pelo que eu podia observar, altamente higienizados.

Achei até um pouco excessivo aqueles cuidados demonstrados, porém, a surpresa não faria por se esperar, porque o Osvaldo, do nada, falou:

– Claudete, procure voltar a sua atenção para as ocorrências de caráter energético que são empregadas aqui.

Olhei mais atentamente conforme a recomendação e continuei a ver exatamente o que as pessoas faziam, sem que algo diferenciado pudesse ser apresentado, quando o meu interlocutor, pedindo permissão, colocou a sua destra próximo da minha fronte, causando-me um leve arrepio no meu corpo para, em seguida, abrir-me aspectos diferentes da minha visão.

Surpreendida pela medida, passei a verificar que verdadeiros raios sutis de luzes multicoloridas se desprendiam das mãos dos voluntários, envolvendo os tecidos, dando-lhes um brilho intenso.

Na grande maioria deles, ou em todos mesmo, uma ligação luminosa provinha do Alto, como se fossem pequenos holofotes multicoloridos que eram dirigidos para cada operador em especial.

Interrogativamente me dirigi para o Osvaldo, que completou:

— Conforme você mesma pode observar, o magnetismo pessoal, fortalecido com as preces dos nossos voluntários, impregna de efeitos salutares o material a ser utilizado em nossa instituição, como já lhe adiantei anteriormente.

— Sim, sim. Estou emocionada com o que vejo. Ainda mais essas luzes que proveem do Alto e cada um dos trabalhadores recebe com uma coloração diferenciada. Por que isso ocorre?

— Boa pergunta! Cada item possui a dose de magnetismo adequado e será direcionado para as unidades de acordo com a necessidade dos internos, e também da própria equipe que opera com eles, sendo separados, como você pode conferir, com as embalagens em cores diferentes.

O meu entendimento era limitadíssimo à frente de tais informações, contudo, o que eu já houvera lido e observado em classe nesse curto período, percebia, como acabara de acontecer comigo mesma, o poder magnético de cada um de nós, pois uma simples aplicação do Osvaldo em mim proporcionara por alguns minutos a possibilidade de uma visão mais acurada do que de fato era realizado naquele ambiente.

Todavia, uma questão ficara pendente e eu achei melhor colocá-la:

– Entendo o benefício que será advindo dessa aplicação nos itens a serem utilizados com os assistidos, mas e quanto aos médicos e enfermeiros, por exemplo?

– Eles também, como todos nós, estão ainda em fase de crescimento espiritual e contam, por isso mesmo, com as medidas preventivas, as quais evitam, no contato por vezes altamente enfermiço com muitos pacientes, a assimilação energética desequilibrada.

"São, em realidade, medidas higienizadoras como ocorre nos hospitais existentes no planeta, com a diferença que, aqui, a sutileza energética se faça mais intensa em nossa dimensão pela lógica em si, pois nos encontramos em corpos mais eterizados."

Para valorizar o meu pouco, ou nada, em relação ao conhecimento na esfera espiritual, ele perguntou:

– Faz sentido para você?

Não pude evitar de sorrir, pois eu tinha certeza da minha limitação. Então, respondi informando:

– Sim, claro! Irá fazer muito mais tão logo eu conheça exatamente do que você está falando.

Ele sorriu satisfeito e completou:

– Será como tudo na vida, Claudete, uma abençoada questão de tempo.

CAPÍTULO 24

Mais uma lição

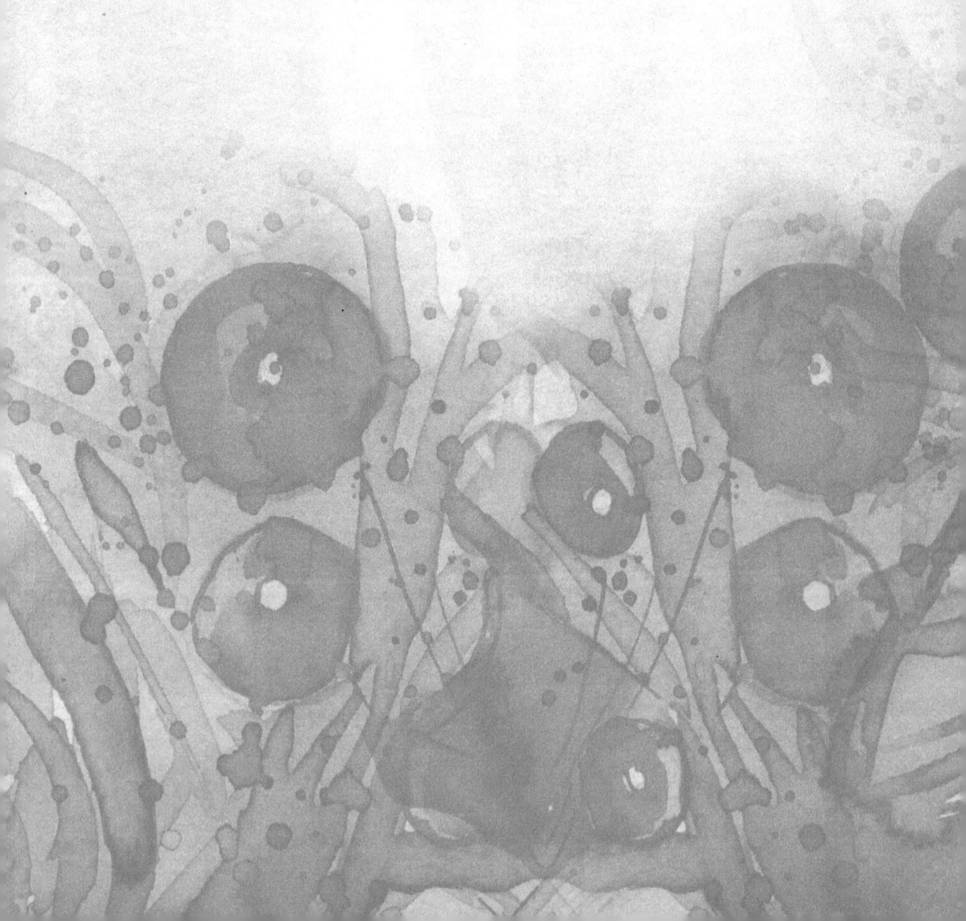

O meu interlocutor, com simpatia, perguntou:

– Caso você esteja preparada, gostaria de inclui-la em uma das nossas tarefas. Pode ser?

– Claro, Osvaldo.

Ele pediu que eu o acompanhasse, e aproximando-nos de uma das servidoras - uma meia senhora de aparência muito humilde -, apresentando-a, informou:

– Essa é a nossa irmã Cremilda, uma das mais antigas colaboradoras do nosso serviço, que poderá dar as primeiras instruções para você.

Feitas as apresentações, o coordenador das tarefas pediu permissão para se retirar, me deixando a cargo da voluntária, que sorrindo graciosamente, falou:

– Neste ponto de serviço, seremos encarregadas da embalagem das toalhas que são utilizadas para a higiene dos nossos pacientes.

Verifiquei que na grande bancada as dobragens eram realizadas e transferidas para nós em caixas abertas, para que simplesmente fizéssemos a inserção nas embalagens selecionadas, como uma verdadeira linha de produção.

Um ponto interessante que eu sequer houvera notado, era a música ambiente em som muito baixo, que auxiliava a transmitir uma serenidade no local, onde as conversas eram também em voz audível, mas não excessivas. Tudo dentro de uma harmonia no mínimo interessante.

Como o serviço em si me parecia de uma simplicidade sem conta, posicionando-me ao lado da servidora, eu disse:

— Caso você queira, pode me passar as toalhas que eu divido as tarefas com você.

Ela, com o seu sorriso simpático, orientou:

— Claudete, não se trata apenas de colocá-las nas embalagens e sim de darmos continuidade na manutenção energética que os produtos por nós tratados necessitam para manter os benefícios aos nossos assistidos, bem como para aqueles que os manipulam. Creio que este ponto já deve ter sido informado pelo nosso coordenador, não?

— Sim, Cremilda. Desculpe a pressa, mas então, o que eu devo fazer?

Interiormente eu não estava me sentindo completamente satisfeita com a situação, que mais uma vez, apesar de ter ficado impressionada com as ocorrências junto ao Osvaldo, o velho e conhecido orgulho voltava a dar a sua nota.

Entretanto, sem qualquer ponta de reprovação pela minha ansiedade em iniciar os trabalhos, ela disse:

– Para alcançar e manter esse nível magnético positivo, basta que nos mantenhamos em prece.

Esse era um outro artigo fora das minhas cogitações e princípios. Eu não me via como alguém que necessitasse de algo que não atribuía o devido valor.

Quando olhei fixamente para a minha interlocutora, tive mais uma vez a impressão de que eu me denunciara em relação à estranheza do assunto, o que me espantou sobremaneira, porque sendo uma advogada treinada, comecei a perceber que as máscaras pareciam não fazer mais sentido na dimensão em que eu me encontrava.

Ela continuou inabalável:

– A prece, Claudete, está relacionada com o pensar bem e não com repetições desnecessárias de palavras. Pensamentos elevados, voltados para os aspectos bons da vida, reconhecendo que tudo pelo qual somos experenciados é benção constante do Criador nas Suas criaturas, que respeita as nossas decisões, mesmo que elas sejam de aparente prejuízo inicial para nós mesmos.

"Contudo, apesar do uso inadequado do nosso livre arbítrio, Ele nos envia a todos os instantes os recursos para o nosso socorro, sejam eles através de pessoas ou qualquer outra situação que possa nos favorecer a retomar o caminho do centro, a realidade de todos nós, que por natureza buscamos a perfeição relativa, porém, inimaginável ainda para nós o que possa ser esse grau, cuja referência maior temos em Nosso Senhor Jesus Cristo.

"Logo, manter-se com os pensamentos voltados para o bem, cumprindo as nossas tarefas com dedicação, sabedores que somos dos resultados do que estamos fazendo, para onde e para o que eles servirão, por si só, esse conhecimento será a nossa ligação com as benesses do Nosso Pai."

Impressionou-me a destreza nas informações que me eram repassadas de forma simples, porém, segura da minha interlocutora e o valor atribuído para um comum ensacar de toalhas. Inadvertidamente, perguntei:

— Noto que o seu conhecimento é no mínimo muito coerente. Desculpe a curiosidade, mas você dava aulas quando de sua experiência no planeta?

Ela mais uma vez sorriu com simplicidade e finalizou:

— Não, eu trabalhei desde menina como doméstica, em uma casa que me acolheu depois da orfandade e onde eu pude exercer a nobre profissão até o momento do meu desencarne.

Era outra vez uma lição que procurava de certa forma quebrar as minhas amarras orgulhosas, e para não demonstrar todo o meu embaraço diante da Cremilda, eu voltei ao assunto do trabalho, dizendo:

— Bem, minha amiga. Vou proceder conforme as suas orientações. Peço, no entanto, que você faça as avaliações e considerações que achar necessárias, está bem?

— Não se preocupe, amiga, pois tenho a certeza de um serviço que será realizado com pleno amor por nós duas. Vamos iniciar?

CAPÍTULO 25

Fazer de forma diferente

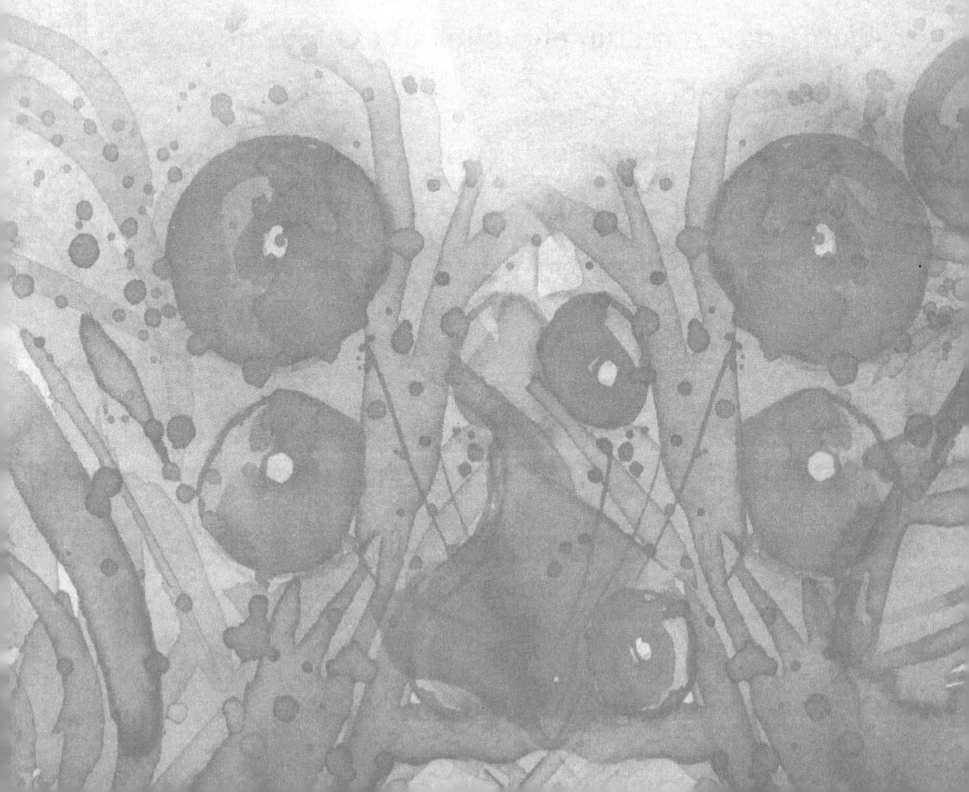

Iniciei os trabalhos com as contradições que me pareceram óbvias perante a atividade, porque um choque de caráter razoável ocorria no meu íntimo, naturalmente por conta do hábito em me sentir acima de tudo e de todos, com uma capacidade excepcional e fascinante que eu atribuíra a mim mesma.

Não demorou para as comparações surgirem em relação à minha própria condição intelectual e a da minha companheira de serviço, que ao realizá-lo chegava a cantarolar a música que era tocada ao fundo.

Eu já ensacara umas cinco unidades de forma lenta e despreocupada, quando a Cremilda, tocando de leve no meu braço, buscou chamar-me a atenção:

— Amiga, pare por um instante o que você vem fazendo e procure observar as atividades dos nossos colegas.

Fiz conforme o indicado sem qualquer interesse pelo fato em si, voltando para a minha interlocutora, indagando:

– Sim, o que tem de mais? Estão todos empenhados no trabalho que lhes compete, não?

Ela sorrindo repetiu:

– Não é esse tipo de observação que eu estou sugerindo para que você faça. Acure o seu olhar elevando os seus pensamentos, pensando no bem, analisando a realização das tarefas com a boa vontade dessas pessoas e muito provavelmente você poderá observar mais além.

Como eu não tinha nada a perder com a sugestão que me era fornecida, procurei uma respiração profunda e tranquila, e fechando os olhos recordei-me de cenas felizes junto à minha mãe, quando me encontrava como criança no exato instante em que eu era brindada com uma boneca que sonhara ganhar como presente de aniversário.

Eu não saberia explicar o porquê e como aquelas cenas surgiram, mas de alguma forma, uma força superior me levou até elas, ou eu mesma, querendo alterar por um instante o meu padrão orgulhoso, terminei por proceder desta maneira.

Antes mesmo que eu abrisse os meus olhos, passei a divisar cenas semelhantes àquelas que me foram proporcionadas quando o Osvaldo agiu magneticamente na minha região frontal, somente que, agora, o colorido parecia ganhar maiores contornos, mais brilho e beleza inclusive, que atribuí ao meu próprio esforço pessoal.

Não pude deixar de me emocionar com o verdadeiro espetáculo que se formava, e virando-me para a minha colega, eu disse:

– Estou pasma diante de tanta beleza. Jamais imaginei que conseguiria ir tão longe com as minhas faculdades.

– Veja você, Claudete, como o nosso esforço é abençoado. Logicamente essa possibilidade é sua, porém, não exercitada e colocada num embotamento pelo foco exclusivo nos interesses imediatos.

– Você quer dizer, Cremilda, que todos nós somos portadores de tais faculdades?

– Dentro do compromisso que assumimos conosco, sim. Uns mais, outros um pouco menos, mas sem que haja exceção, pois estas possibilidades estão ínsitas em nossa própria natureza através da Glândula Pineal, que vem gradativamente desvendados os seus recursos tanto no campo fisiológico, seja no planeta ou mesmo em nossa dimensão, como também como elemento emissor e receptor de ondas mentais, nossa comunicação com o Cosmos e com o Criador.

Em mais uma ocasião eu estava impressionada com o conhecimento de uma senhora que se mostrara tão singela em sua última experiência no planeta.

Pareceu-me que ela, de alguma maneira, deu-me tempo para colocar as ideias em ordem, e com muito tato orientar:

– Por favor, veja agora o resultado do seu trabalho. Analise também os itens que você embalou.

Atuei conforme a indicação, e mais uma vez eu poderia ter enterrado a minha cabeça em algum buraco se fosse possível, porque das peças não era possível registrar qualquer imantação.

Tendo a nítida clareza em relação ao acontecido, eu mesma me antecipei:

– Percebo a diferença entre fazer o que quer que seja com disposição no bem, buscando colocar amor no que se faz, ou simplesmente fazer porque temos que entregar o que foi prometido.

A Cremilda continuou com o seu sorriso tranquilo, sem qualquer ponta de recriminação, dando-me a chance de perguntar:

– O que faço agora com esse material que não registra qualquer vibração?

– Simples, Claudete. Vamos colocá-los de volta na bancada e magnetizá-los, usando para isso a nossa disposição em servir. Vamos, vou auxiliá-la nessa pequena tarefa.

CAPÍTULO 26

Pura questão de sintonia

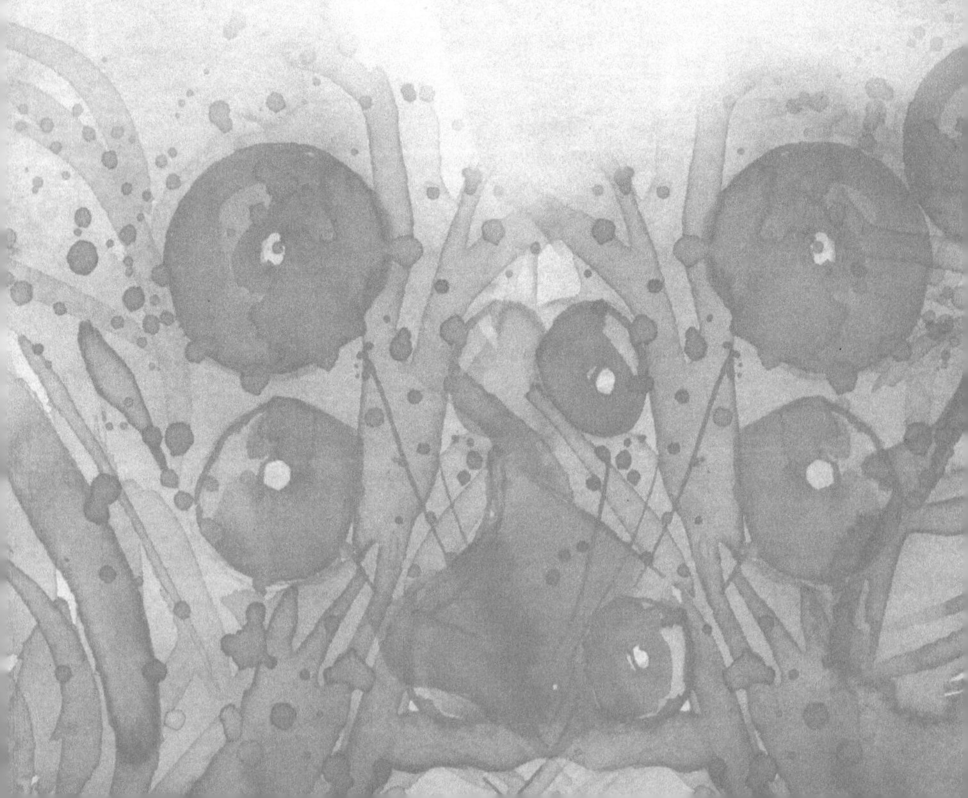

A minha colega de trabalho praticamente fez o serviço para mim, dando mostras de extremada boa vontade, estimulando-me com isso a prática desinteressada no bem em todos os instantes.

Aos poucos, fui me conscientizando dos benefícios que as minhas atividades poderiam trazer, naturalmente com o passar dos dias e das aulas que eram ministradas pelo Eduardo, nosso jovem educador.

Passei a notar que à medida do meu esforço nas doações daquelas atividades simples, uma felicidade inexplicável tomava conta do meu íntimo, alterando a minha produção para melhor com a satisfação constatada.

Pelo meu grau de curiosidade, quando pude, questionei o Eduardo no final de uma das minhas aulas, descrevendo rapidamente o que ocorria comigo.

Ele, por sua vez, sorriu satisfeito, e procurou de uma maneira simples e objetiva me esclarecer:

— Trata-se, Claudete, do exercício de suas potencialidades, o deus que todos somos conforme informado por Jesus, herdeiros diretos do Pai, cujo desenvolvimento do amor em suas mais variadas nuances depende de esforço individual.

"Somos Espíritos fadados ao sucesso, à perfeição, mesmo sendo ela relativa quando comparada ao Criador, porém, como modelo, temos o Cristo, que um dia todos nós o seremos."

Numa exclamação que chegou a me surpreender, eu disse:

— Meu Deus, Eduardo, onde eu estava com a cabeça que não pude ver isso?

Sorrindo ele continuou:

— Segundo você mesma me informou, e pelo que eu posso deduzir, no mesmo local onde ela se encontra, contudo, em relação aos seus interesses, ela estava total e exclusivamente voltada para o seu trabalho, não era assim?

— Sim, literalmente fascinada por ele, e jamais eu poderia supor que uma atividade tão singela, quando fiz as primeiras comparações com aquilo que eu fui, me traria tanta satisfação, tanto prazer em sua realização.

— Concordo, minha amiga, com a constatação clara de que não é o que fazemos e sim como nós podemos fazer, porque na manutenção da mentalidade elevada no que realizamos, incluímos as energias superiores que nos são ínsitas, com a natural ligação com os planos superiores, onde a paz, a harmonia e o trabalho reinam absolutos.

— Pelo que você me informa, Eduardo, não necessariamente a ligação precisa ser feita diretamente com um mentor, por exemplo?

— Não necessariamente, e sim com planos mais altos, onde a evolução é natural naqueles seres que já tem como hábito a prática regular do amor. É questão literal de sintonia, Claudete, tal qual ocorre quando procuramos a estação de rádio preferida, aquela que poderá nos atender com boa qualidade em sua programação ou com outra que por vezes nos estimula ao desequilíbrio, onde notícias desagradáveis campeiam e a musicalidade nos agita.

"Óbvio que não descartamos as ligações existentes com mentores, mentoras e irmãos nossos que nos amam e que, por vezes, nos seguem ao longe, pura e simplesmente com os olhos, como uma mãe, por exemplo, que ora pelos seus filhos e filhas, independente da distância, idade e mesmo realização profissional e familiar."

O ponto observado pelo meu interlocutor levou-me de imediato à recordação dos meus pais e à minha atitude displicente para com eles durante grande parte da minha curta existência no planeta.

Pareceu-me mais uma vez que eu poderia estar pensando alto, ou o Eduardo possuía alguma facilidade em interpretar rapidamente a mudança do tônus vibratório de uma pessoa, porque, na sequência, ele tirou-me daquele estado dizendo:

– A propósito, quase ia me esquecendo. A Celina esteve aqui antes do início da aula te procurando, todavia, como não te encontrou, pediu para que eu fosse o mensageiro, te informando que ela gostaria de falar com você.

Sorrindo, eu indaguei:

– O que será que eu fiz agora?

Ele, com o bom humor de sempre, disse:

– Por aqui, minha querida, não é o que você fez, e sim o que poderá fazer.

– Não entendi?

– Qualquer chamado sempre traz uma oferta de trabalho e aprendizado. Não se aflija, porque coisas boas neste particular em nossa instituição estão sempre à disposição daqueles que possuem boa vontade em colaborar.

CAPÍTULO 27

Convocação à assistência

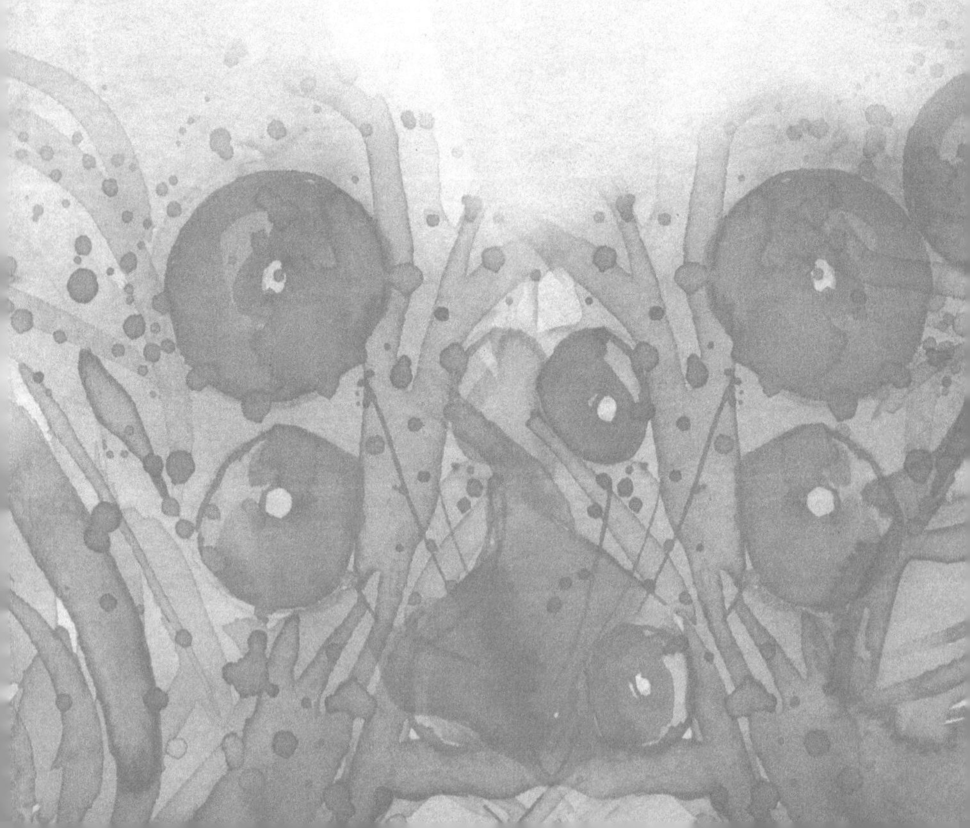

Naturalmente ansiosa, apesar da tentativa de autocontrole, alcancei a Celina em área de suas atividades, que solicitou fosse substituída por uns instantes para falar-me em particular.

Obviamente ela notou-me preocupada sobre o que deveria ter ocorrido, e procurou tranquilizar-me, dizendo:

– Minha querida, noto a sua agitação, e o assunto não lhe diz respeito diretamente, mas temos uma solicitação de um jovem irmão nosso, o qual você poderá auxiliá-lo, claro, desde que esteja disposta.

– Celina, não querendo justificar-me, mas na minha condição atual, creio que não poderei fazer muita coisa.

– Se quiser, amiga, com a sua força de vontade, poderá sim. Aliás, é exatamente ela que os nossos Maiores se utilizam para que possam, através dos nossos parcos recursos, atenderem criaturas mais necessitadas que nós mesmos.

"O assunto é delicado e vou procurar sintetizar ao máximo para que você possa decidir em nos acompanhar ou não, está bem assim?"

— Sim, claro...

— Muito bem. Você se recorda do José Carlos?

— José Carlos, Celina? O nome não me é estranho, porém...

— O Zequinha, Claudete.

— Você está falando do contínuo do escritório?

— Ele mesmo! Contudo, o tempo passou e ele hoje segue nos estudos, quase encerrando o curso de Direito por inspiração direta de sua pessoa, aliás, por quem ele ora com regularidade.

Emocionei-me com aquela informação, pois jamais poderia imaginar que eu poderia ser alvo das preces de um garoto simples, vindo de família numerosa que vivia em condição de muito esforço para manter-se. De certa forma, nós no escritório, tínhamos um cuidado especial colaborando mensalmente com alguns itens voltados à alimentação dele e de seus irmãos.

Foi nítida a percepção da Celina a respeito do que se sucedia no meu íntimo, porque ela continuou:

— Bem, conforme eu ia dizendo, você poderá ser muito útil nesse atendimento que estamos por realizar...

Ainda sob forte emoção, terminei por interromper deselegantemente a minha interlocutora, indagando:

— O que pode uma simples dobradora de toalhas e demais tecidos auxiliar?

Ela sorriu e completou:

— Ora, Claudete, você não vem praticando a transferência energética de maneira usual nas suas atividades, junto com a Cremilda?

— Sim, mas...

— Mas é exatamente aí que você entra. O José Carlos, ou Zequinha se preferir, possui uma ligação direta com você e aceitará de bom grado a sua assistência energética, enquanto nos encarregamos do nosso irmão recém desencarnado que se encontra em sua residência causando alguns transtornos por não entender o que se passa com ele.

— Confesso, Celina, que eu não estou compreendendo realmente o que eu possa realizar nessa história toda.

A minha interlocutora, com profunda paciência, continuou:

— Minha cara, transferindo suas energias em forma de assistência direta ao nosso irmão, aquelas mesmas que são utilizadas nas suas atividades diárias e que muito bem irá produzir no José Carlos, como produz nas pessoas que utilizam das peças nas quais você e seus colegas trabalham. Simples assim.

— Está bem, Celina. Mas o que está acontecendo realmente com o Zequinha e a sua família? A propósito, com a dificuldade que todos viviam, como ele está conseguindo se manter nos seus estudos?

— Uma coisa de cada vez, Claudete. Em relação às atividades que serão realizadas na casa dele, explicaremos com mais vagar no local, onde você poderá fazer as suas observações diretamente. Agora, quanto aos estudos, o escritório que foi de sua propriedade, estando com a nova administração depois de sua partida definitiva do planeta, decidiu auxiliá-lo arcando com os custos que são inerentes, uma vez que ele, rapaz esforçado, continua em plena atividade por lá, sendo profundamente agradecido a todos, incluindo você, como verdadeira fonte de inspiração.

"Aquilo que fazemos, amiga, nem sempre podemos avaliar o alcance que terá, sejam os nossos pensamentos, palavras ou ações, tanto no terreno do bem como também nos descuidos do desequilíbrio."

Ainda sob forte emoção por saber das novas, questionei:

– Quando então poderemos agir em favor dele?

– Hoje à noite, por volta da uma hora da madrugada, estaremos partindo na companhia do Doutor Otto, que é também responsável para atendimentos dessa natureza.

– Está bem, estarei pronta. Grata pelo convite Celina.

– Agradeçamos a Jesus, que nos oferece a oportunidade de servir, Claudete.

CAPÍTULO 28

A alegria do reencontro

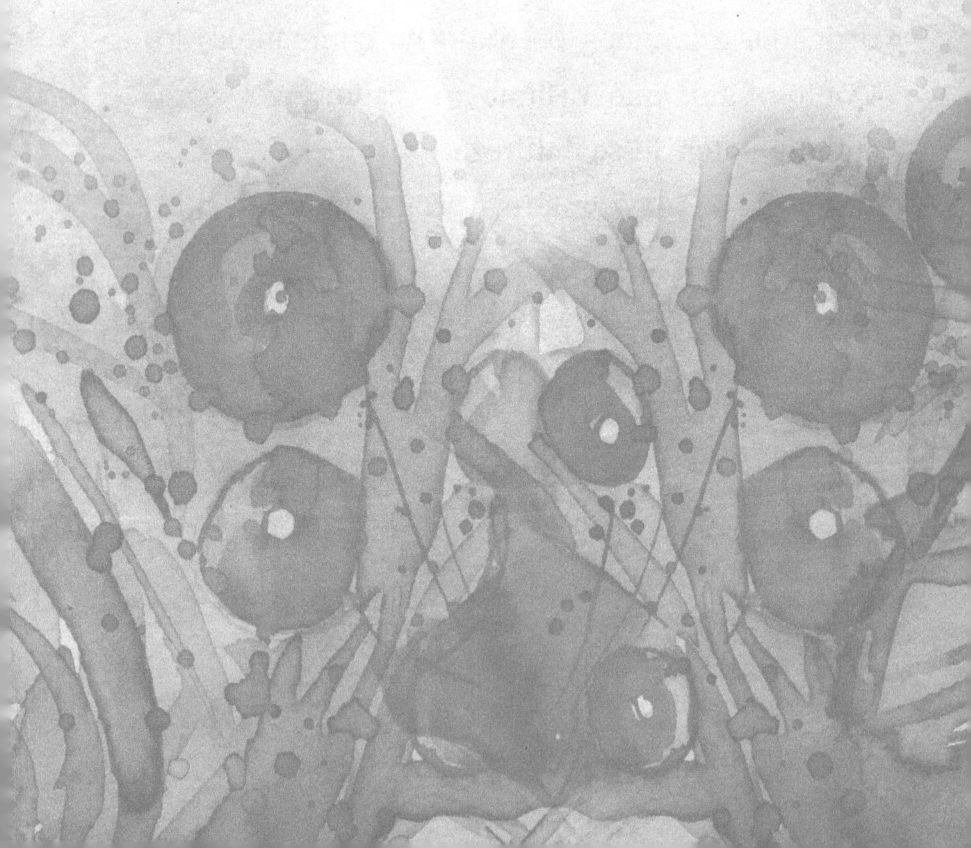

Conforme havíamos acordado, em torno da uma hora da madrugada a Celina veio me chamar para que nos dirigíssemos ao amplo estacionamento da instituição, onde encontraríamos o Doutor Otto, que terminou por nos receber com a sua gentileza costumeira.

Se o convite para a visita ao Zequinha já me surpreendera, o que dizer do veículo utilizado por nós, que além de apresentar diferenças significativas no seu desenho, não possuía as rodas tradicionais, sendo utilizada para a sua locomoção o eletromagnetismo, conforme explicações iniciais, cuja velocidade surpreendente causou-me certo receio, que terminei por achar muito peculiar, pois sendo uma pessoa considerada como "morta" pelos padrões da Terra, de que maneira eu poderia morrer novamente?

Não foi possível abrir os questionamentos normais para saciar a minha curiosidade, porque logo desembarcávamos à frente de casa humilde no subúrbio da cidade onde eu residira até o meu passamento.

A rua demonstrava a simplicidade do local de uma maneira generalizada, onde a própria iluminação dava os sinais da carência.

Por alguns instantes pensei no esforço que o Zequinha deveria fazer para abraçar o trabalho e os estudos, residindo em bairro tão distante do escritório, o que me fez reconhecer tardiamente o valor do jovem rapaz.

Não continuei nas minhas divagações, porque logo o Doutor Otto nos convidou a entrar na residência, que por analogia, se mostrava tão simples como a própria rua.

Dirigimo-nos para um dos dois quartos existentes, onde dois beliches haviam sido instalados para abrigar em um deles o Zequinha, sendo as outras três camas ocupadas pelos seus irmãos e irmã.

A Celina, aproximando-se dele, passou a aplicar energias longitudinalmente em seu corpo, fazendo que o rapaz se desprendesse dele rapidamente.

Surpreendeu-me a capacidade da sua lucidez, e também do seu desenvolvimento, pois quando deixei a existência planetária, ele não era mais do que um jovem, praticamente saindo da adolescência.

Olhou para os visitantes sem qualquer espanto, demonstrando com total clareza que os contatos com a dimensão espiritual deveriam possuir uma certa regularidade na sua vida.

Saudou-nos como se fossemos anjos pelo alto respeito que dava mostras, até o momento de me reconhecer, o que causou-lhe profunda emoção, contagiando-nos a todos, pois em sua simplicidade, perguntou se poderia aproximar-se para abraçar-me.

Tomei a iniciativa enquanto as lágrimas de encanto e felicidade diziam mais do que qualquer palavra, para somente alguns minutos depois, ele iniciar dizendo:

— Doutora, a alegria que sinto é incomensurável, pois eu possuía a certeza em minhas orações que a reencontraria um dia. Peço nesse instante que a senhora me abençoe, juntamente com os anjos que lhe acompanham.

— Não somos anjos e sim seus irmãos. Foi a bondade do Senhor que permitiu-nos visitá-lo, e pelo que fui informada, você está bem e se esforçando muito.

— Sim, senhora. Apesar da morte do meu pai ter sido para todos nós de grande abatimento. Aliás, se for possível contar com o seu auxílio para nos colocarmos em condições mais favoráveis diante das dificuldades, fico extremamente grato, pedindo a Deus que continue a te abençoar.

As palavras do meu interlocutor me causavam profundas emoções, pois em suas crenças ele tinha de fato a certeza de que a simples mudança dimensional poderia nos transformar em seres superiores.

Para o meu socorro imediato, a Celina interveio, dizendo:

— Zequinha, peçamos a Jesus que nos socorra a todos. Vamos juntos fazer o nosso melhor e, para isso, peço que me acompanhe em uma prece.

Ele concordou e a Celina iniciou o Pai Nosso, sendo que à medida que ele recitava com ela em voz audível, retornava lentamente para o seu corpo físico, apresentando uma paz contagiante em seu rosto.

Com um tom de voz tranquilo, Celina pediu que eu me aproximasse e fizesse a transferência energética, que a princípio questionei-a com um olhar a respeito de como proceder.

Ela, sorrindo leve e graciosamente, orientou:

– Coloque as suas mãos na direção da fronte do jovem e concentre-se da mesma forma que faz quando está embalando os tecidos para a área assistencial.

Sorri meio sem jeito e fiz conforme a sua orientação, sendo surpreendida que à medida que aplicava os recursos energéticos, tanto quanto era possível observar, sinais luminosos se desprendiam das minhas mãos em direção à fronte do Zequinha, que os absorvia em caráter imediato.

Passados não mais do que dois ou três minutos, a Celina me tocou de leve no ombro dizendo que eu poderia encerrar a aplicação, informando que eu os acompanhasse para atendermos outra pessoa que se mostrava muito necessitada.

Despedi-me com um beijo na testa do nobre rapaz e nos colocamos em direção ao segundo quarto da residência.

CAPÍTULO 29

Felicidade compartilhada

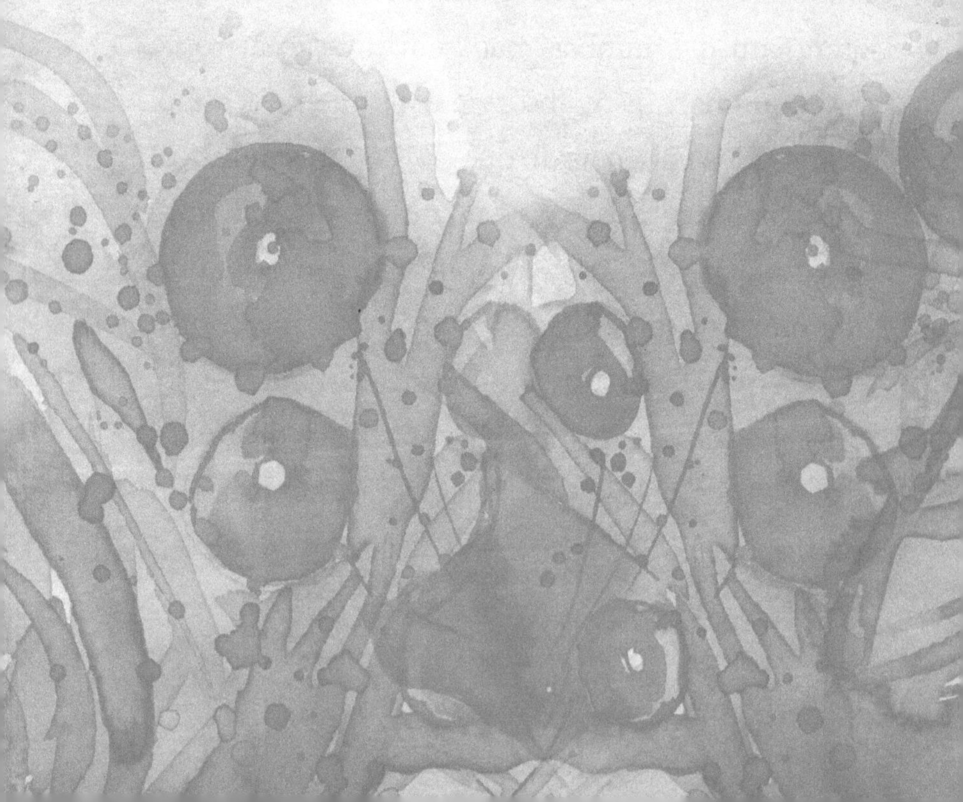

Ao entrarmos, fui surpreendida por um senhor que, sentado no piso, completamente recolhido, com a cabeça sobre os joelhos, clamava pela misericórdia divina.

Celina rapidamente atendeu à minha curiosidade, informando tratar-se do pai do Zequinha desencarnado.

Aproximamo-nos um pouco mais, tendo o Doutor Otto à nossa dianteira, que abaixando-se próximo do desconsolado senhor, chamou-lhe pelo nome:

– Anastácio, meu irmão, viemos para socorrê-lo conforme os seus pedidos ao Nosso Pai e Criador.

Ele levantou a cabeça como se procurasse de onde o som provinha, apesar da proximidade do facultativo. Estendendo as mãos na tentativa de tocá-lo, disse em tom de profundo desespero:

– Auxilia-me, anjo de Deus, por amor Dele, pois estou cego e abandonado. Minha esposa e filhos não dão ouvidos para os meus pedidos por mais que eu rogue. Tem misericórdia de mim.

O médico segurou as mãos do pobre senhor entre as suas e disse:

– Mantenha a calma, pois viemos a pedido do Senhor para atendê-lo. Não somos os anjos que você deseja, mas irmãos em tarefa. Sou um médico e tenho em minha companhia duas dedicadas irmãs que também poderão em muito auxiliá-lo.

Ao ouvir as palavras do Doutor Otto, o seu interlocutor, com ar de profunda admiração, falou:

– Graças a Deus tudo o que ouvi a meu respeito é mentira. Não estou morto e sim cego e abandonado.

– Sim, meu irmão, até porque ninguém morre. Venha conosco, porque nós nos encarregaremos de conduzi-lo até uma instituição especializada, onde será possível tratá-lo mais convenientemente e esclarecê-lo no que for necessário.

– Ajuda-me, Doutor, pois no acidente com o ônibus onde eu viajava, perdi completamente a visão.

– É momentâneo esse desconforto, Anastácio. Logo ela será restabelecida. Trata-se somente de um trauma passageiro. Mantenha firme a sua confiança no Criador e logo você poderá confirmar o que lhe digo.

O facultativo auxiliou-o a levantar-se, e sinalizando para nós, solicitou que o acompanhássemos para fora da residência.

Ao alcançarmos a pequena varanda, o Doutor Otto colocou o seu paciente sentado em uma cadeira tosca que lá se encontrava, que para a minha surpresa, tratava-se do duplo do objeto, para em seguida solicitar-nos que fizéssemos a aplicação energética no Anastácio.

Fui orientada pela Celina a auxiliá-la na operação, colocando a certa distância as minhas duas mãos em direção à fronte do nosso assistido, enquanto a enfermeira agia com movimentos rápidos na direção dos olhos do mais novo paciente.

Não demorou para uma espécie de crosta escurecida surgir, como se fosse sangue completamente coagulado no rosto do Anastácio, dando-me a clara ideia que durante o acidente algo houvera atingido de chofre todo o rosto do pobre homem.

Ao término da aplicação, ele levou as mãos aos olhos, como se uma comichão houvesse surgido de repente, e tão logo terminou o movimento de esfregá-los, abriu-os desmesuradamente, e num grito de alegria, disse:

— Milagre! Milagre! Estou enxergando novamente.

Levantou-se e abraçou-nos efusivamente, tendo agora os olhos banhados em lágrimas, precisando ser um pouco contido pelo Doutor Otto para que a sua excitação não viesse a causar-lhe problema, porque em seguida o Anastácio informou:

— Preciso avisar a Délia e as crianças...

Ele foi subitamente interrompido pelo médico:

— Ainda não, Anastácio. Precisamos fazer mais exames e incluí-lo em um tratamento especializado. Somente depois você poderá retornar para informá-los.

O paciente procurou insistir:

—Mas é rapidinho Doutor...

— Fique tranquilo que nós mesmos faremos os anúncios. Por agora, você deve nos acompanhar.

Pela firmeza do médico em suas palavras, ele aceitou, e antes que nos retirássemos, o Anastácio aproximou-se de nós duas, e tomando-nos a destra, beijou-a em sinal de profunda gratidão.

A Celina devolveu-lhe o gesto respeitoso, sendo seguida de imediato por mim.

Ao sinal do médico, nos colocamos na direção do nosso transporte, contentes por partilharmos a felicidade do nosso assistido

CAPÍTULO 30

Minuto de reflexão

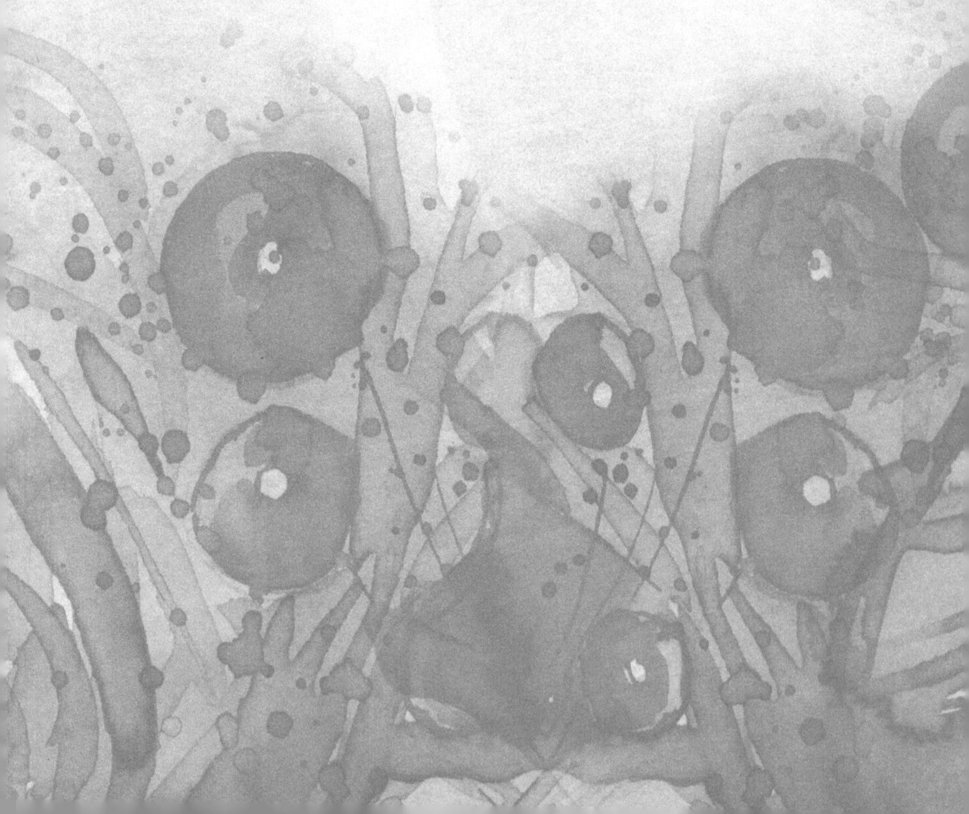

Durante o percurso de retorno à nossa instituição, apesar da rapidez do veículo, não sei por que uma felicidade indizível me invadiu, completamente diferenciada do que eu supunha experimentar quando das minhas atividades no escritório, tomando-o como comparação.

Comecei a constatar que, em todo aquele curto período da minha existência, haviam sido raros os momentos felizes, e eles ocorreram de fato quando no relacionamento sincero entre os meus familiares e amigos, relacionamento esse, o qual eu houvera explorado muito pouco por acreditar que os instantes alegres nas minhas fascinantes atividades seriam o sinônimo de felicidade real.

Como me enganara e, por lamentável, somente agora realizava isso. Como me deixara iludir pelos ganhos rápidos e por viver para trabalhar doentiamente, e não trabalhar para viver.

Um simples movimento em favor de uma pessoa desconhecida, como era o caso do Anastácio, genitor do Zequinha, me proporcionara aquela nova e feliz experiência.

Gradativamente comecei a realizar que a felicidade estava em poder ser útil, servindo ao semelhante, o que eu aprendera durante o meu curso na dimensão atual em relação aos ensinamentos de Jesus: *dai de graça ao que de graça recebestes.**

Não fiquei muito tempo divagando, pois logo chegávamos ao nosso destino, sendo que o Doutor Otto solicitou que as enfermeiras que nos aguardavam conduzissem o Anastácio para a internação e o devido início da assistência.

Quando eu me preparava para o retorno aos meus aposentos, por ser ainda madrugada, a Celina perguntou:

– Claudete, você tem um minuto?

– Claro, amiga, quantos você precisar.

Ela iniciou dizendo, como se fosse do nada ou porque completava os meus mais íntimos pensamentos:

– Naturalmente que as nossas atividades também se enquadram no ensinamento do Nosso

---

* Nota da Editora: Mateus 10:8

Mestre, quando nelas aplicamos o amor, os sentimentos do servir ao próximo, mesmo que estejamos no âmbito profissional.

Eu confirmava ao vivo que a comunicação através do pensamento era algo completamente possível em nossa dimensão, logicamente entre os Espíritos mais evoluídos, pois no meu caso, eu me encontrava longe de tal façanha, mas podia ter devassados aqueles que porventura fossem de natureza a se transformar em equívocos.

Imediatamente, eu fiz as ligações que as minhas atividades diárias quando no planeta poderiam sim ser realizadas, tendo a coerência e o bom senso em sua administração na carga horária, e também embutindo nelas o sentimento do servir aos meus semelhantes e não somente a questão voltada aos ganhos imediatos e o sucesso entre os meus pares e concorrentes.

A minha interlocutora, com sabedoria, permitiu que eu divagasse sobre o assunto, pois aguardou-me em silêncio o retorno à nossa conversa, quando eu falei concordando:

– Sim, você está coberta de razão e agradeço a sua intervenção nesse particular para que eu possa, em meu trabalho atual, ter presente este conceito, e por que não dizer, esse sentimento de gratidão a Deus pela oportunidade do servir.

Ela sorriu e me abraçou, encerrando:

– Descanse, Claudete, pois teremos um dia repleto de atividades pela frente.

Agradeci comovida, tendo a certeza de possuir muito material em mim mesma para refletir sobre o meu presente e o porvir.

CAPÍTULO 31

Mais um chamado

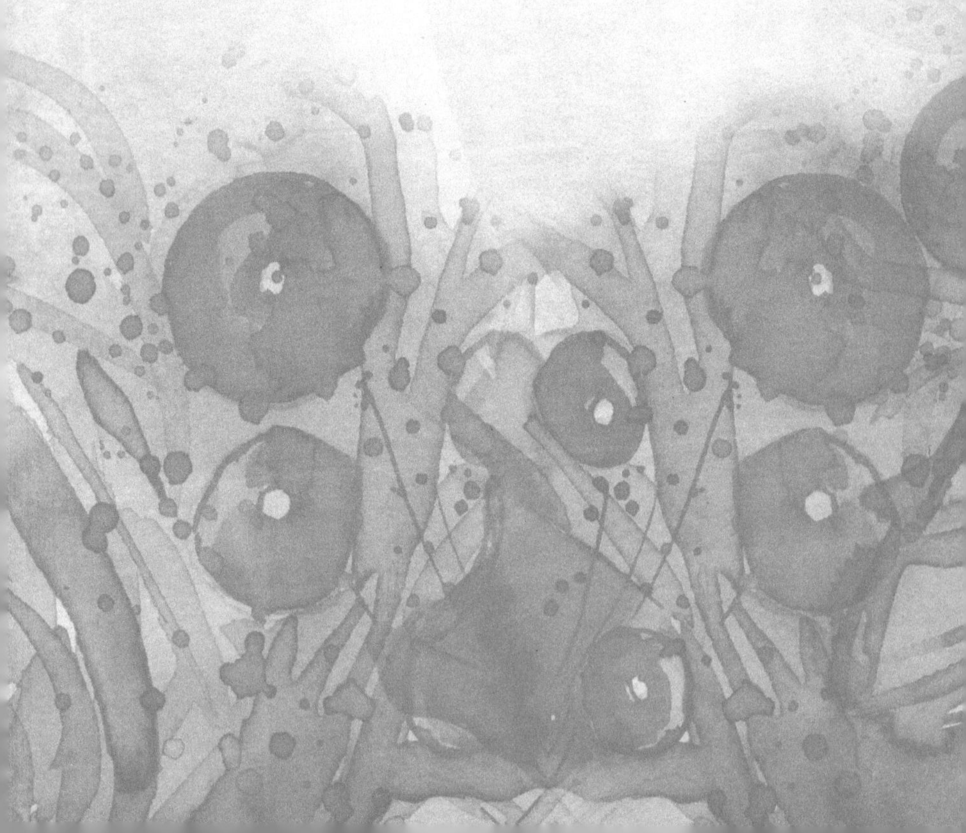

Retornei ao meu trabalho na manhã seguinte, sentindo-me renovada e feliz pelo simples fato de servir.

Como tudo se transformara para mim. Não que a dimensão que ora eu ocupava trouxesse grandes e significativas diferenças, aliás, nem poderia mesmo, pelo simples fato de não poder ser suportada uma mudança drástica, falando especificamente no meu caso.

A Cremilda, minha colega de trabalho olhou-me de forma diferenciada, agregando maior satisfação desde a minha chegada na área, e sem que eu dissesse coisa alguma, salientou:

– Como essas excursões assistenciais nos fazem bem, não, Claudete?

– Não tenho disso a menor dúvida, amiga.

– A Celina, hoje pela manhã, informou-me dos seus progressos, os quais eu particularmente gostaria de parabenizá-la.

– Não é para tanto, Cremilda. Agradeço as suas palavras que tomarei como incentivo verdadeiro, para mim que sou uma iniciante.

— Nada, amiga, são suas conquistas no exercício do bem maior, que aos poucos te capacita aos novos voos. A propósito, falando sobre novas oportunidades, o Eduardo me informou que vocês já tiveram a aula sobre os centros de força ou chacras, na expressão de outras doutrinas, e a nossa ação neles através da fluidoterapia ou passe.

— Sim, tenho me dedicado aos estudos com maior afinco para acompanhar esses assuntos, que eu honestamente ignorava de todo.

— Pois bem, Claudete, assim sendo, gostaria de convidá-la para mais uma tarefa. Claro, desde que você tenha interesse, até porque, os parabéns, por aqui, significam estar preparada para mais atividades. O que me diz?

— Vai depender, Cremilda, se eu estiver ao alcance. Do que se trata, afinal?

— Quanto ao convite, só estou apresentando a oferta porque você está pronta. Trata-se de um grupo de voluntários que faz as visitas à ala dos nossos internos em estado de inconsciência completa, visando a aplicação da fluidoterapia.

"São irmãos e irmãs nossos que consideram a morte como o simples inexistir, mantendo-se em sono autoinduzido, em verdadeiro procedimento auto hipnótico.

"Não construíram muito no terreno da prática do amor ao próximo, crendo que a morte com tudo ceifaria, mas também não foram pessoas de má índole, somente tratando do que chamavam de obrigações inerentes à vida na Terra. Família, círculo de amigos, trabalho, aposentadoria e o nada como item final."

– Casos muito semelhantes ao meu, Cremilda...

Ela sorriu e completou:

– Não considere como um privilégio somente seu, minha cara. Quem de nós não poderá ter-se equivocado em relação à nossa própria realidade de Espíritos que somos e da continuidade da existência?

Neste particular, em relação à minha interlocutora, eu tinha plena certeza de que ela buscava amenizar os fatos quanto à experiência malsucedida que eu tivera na minha reduzida existência.

Como o meu silêncio fora maior que o esperado, a Cremilda questionou:

– Então, o que me diz?

– Aceito com prazer, mas exatamente a que horas essa atividade se inicia?

– Depois do nosso expediente, e somos um dos grupos nesse trabalho, e sua duração máxima é de quarenta e cinco minutos, no máximo uma hora.

"No total, estamos em dez voluntários, já incluindo nesse número você. No local, nos são designados pelos enfermeiros os leitos cujos internos vamos atender. Tudo muito organizado, como você já pode notar, porque, por aqui, uma coisa que procuramos ardentemente não fazer é improvisar.

– Já notei isso há algum tempo, Cremilda. Mas estou surpresa. Não que eu diminua a importância do nosso trabalho, mas, diretamente no meu caso, quem diria que uma simples dobradora e empacotadora de tecidos chegaria a ser convidada para uma tarefa tão nobre.

Ela sorriu a valer, dizendo em seguida:

– Claudete, Claudete... a sabedoria divina é tamanha que, ao contrário do que imaginamos, são esses nossos irmãos que nos permitem a nobreza do servir, porque agindo em favor deles, agimos em nós mesmos, nos engrandecendo no bem. Agora vamos ao que interessa, porque temos muito material para expedir.

CAPÍTULO 32

Aprendizado

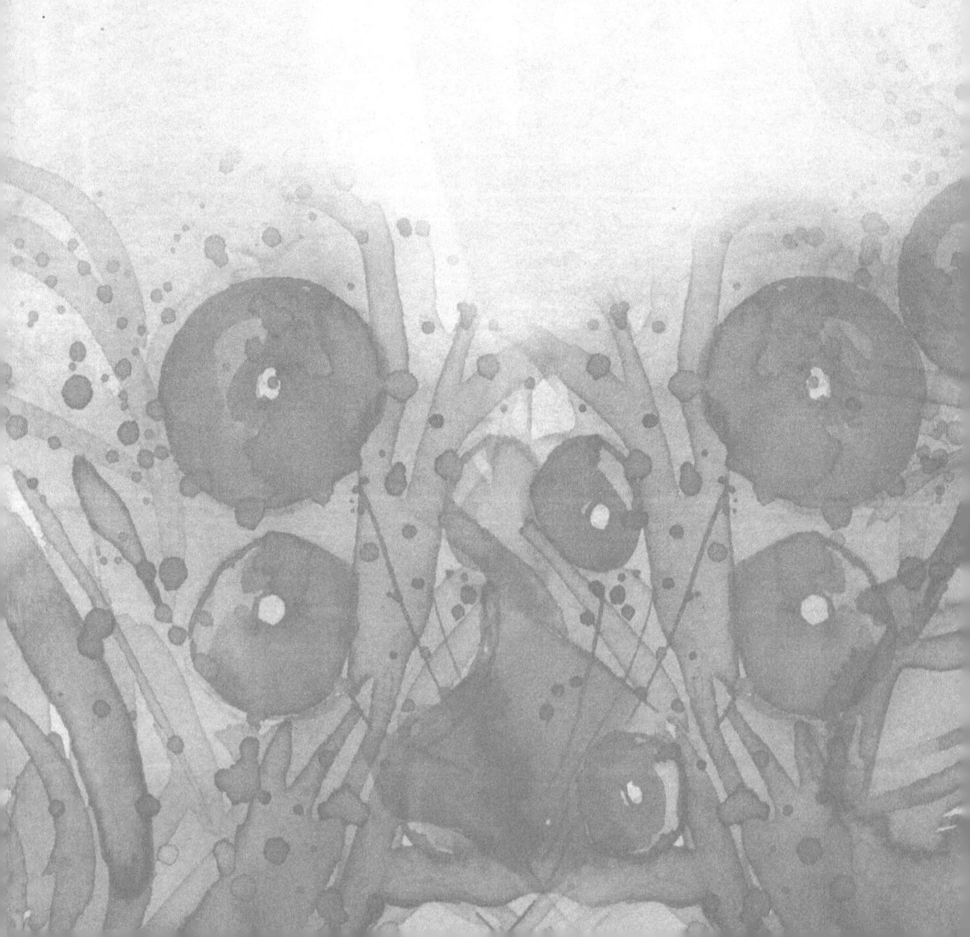

Encerradas as atividades do dia, acompanhei a Cremilda até um outro edifício instalado no amplo complexo que nos atendia das mais variadas maneiras, como hospital, escola, moradia, posto de socorro, como se ele se constituísse em uma minicidade.

Ao alcançarmos o local, nos dirigimos para um dos imensos e espaçosos andares, e conforme informações da minha dirigente, o prédio inteiro se prestava a aquele tipo de operação socorrista.

Somente após nos equiparmos adequadamente - com avental, touca, máscara e luvas, como se fora um hospital terrestre -, adentramos a uma imensa enfermaria - para fazer-me mais clara a título de analogia-, onde em todos os leitos os pacientes instalados pareciam dormir um sono profundo, contudo, alguns deles dando mostras de razoável agitação.

Outras equipes se encontravam no local, conforme as informações iniciais da Cremilda, e para manterem-se em silêncio, apenas acenavam com um leve gesto de mãos.

O restante do nosso pessoal já estava a postos no interior do ambiente e vieram saudar-nos mantendo também a discrição.

Ato contínuo, uma enfermeira passou às mãos da nossa dirigente uma pequena planilha onde se encontravam os leitos a serem atendidos, especificando a causa do desencarne.

Todos nós fomos direcionados e, para mim, coube-me um jovem, praticamente saído da adolescência, onde o seu passamento, conforme pude ler no relatório, deu-se por overdose de heroína.

Magérrimo, mostrando em um dos braços a descoberto a quantidade de agressões realizadas com o uso habitual das agulhas, foi suficiente para emocionar-me e criar de imediato um vínculo no sentido de eu poder fazer o que fosse necessário para confortá-lo.

Com essa disposição, como se inspirada por uma força superior ou mesmo por algum mentor que eu não tinha capacidade de poder divisá-lo, e com as bases das aulas ministradas pelo Eduardo, passei a aplicar um passe desde o seu centro de força frontal, alcançando também o genésico, em movimentos suaves e repetidos, podendo de certa forma ver que energias brilhantes se desprendiam das minhas mãos, sendo absorvidas pelo enfermo, enquanto uma atmosfera agradável me envolvia como um todo.

Alguns minutos se passaram e, ao término da operação, como se eu houvera recebido um aviso dado mentalmente para o encerramento das aplicações, senti-me um tanto esgotada, como nunca acontecera até então.

Dirigi-me até a Cremilda que terminara o seu atendimento no intuito de receber o direcionamento para outro paciente, quando a nossa dirigente, com muito cuidado no tom de voz, disse:

– É o suficiente para a sua primeira participação. Solicito que você me acompanhe nos próximos atendimentos, vibrando e desejando o melhor para o paciente que estará sendo tratado.

"Para isso, posicione-se ao lado do leito para trabalharmos em conjunto, tal qual fazemos na bancada dos nossos serviços."

Agi conforme a orientação. Entretanto, por mais que me esforçasse, quando mudávamos de um leito para outro, atendendo pessoas com idades variadas, todas em sono anestésico profundo, a imagem daquele rapaz surgia em minha mente, como se eu houvesse ficada ligada ao seu caso.

Depois de atendermos vários outros internos, deixamos o local, e após nos desvencilharmos dos nossos trajes, nos reunimos para uma prece de encerramento das atividades, e a Cremilda aproveitou para apresentar-me para o restante do grupo.

Trocamos algumas palavras breves entre nós e nos despedimos. Mas antes que a nossa dirigente se retirasse, solicitei alguns minutos do seu tempo para esclarecimentos, questionando:

– Interessante foi constatar que no pequeno intervalo de um paciente para outro, a imagem do rapaz que eu pude atender vinha-me com força em minha mente. Existe uma razão para isso?

Ela sorriu e respondeu demonstrando conhecer o assunto com clareza:

— Apenas pelo fato de ter sido o seu primeiro atendimento e não ser comum o seu envolvimento com casos assim tão delicados.

— Realmente, fiquei muito impressionada. Todavia, gostaria de algumas explicações adicionais. Pode ser?

— Com certeza, Claudete.

— Pude sentir uma orientação objetiva, tanto para a aplicação do passe, como também da forma em fazê-lo e o momento do seu encerramento.

— É muito normal, pois uma entidade superior coordena os nossos trabalhos, sendo que mentores e mentoras de planos mais evoluídos se fazem presentes, sem que tenhamos ainda a possibilidade de registrá-los de forma mais objetiva, por estarmos um tanto distante em relação a nossa capacidade evolutiva.

"No caso em questão, o paciente atendido por você, é assistido por uma tia materna sua, Espírito de elevada condição, desencarnada jovem ainda quando o rapaz mal acabara de retornar para o plano terrestre."

— Cremilda, como você recebe essas informações?

— Através dos recursos mediúnicos da clarividência e da clariaudiência, onde por sua vez, esses mentores e mentoras nos explicam a respeito dos seus relacionamentos, quando isso possua alguma importância.

"Foi exatamente essa mentora que te orientou sutilmente para a operação, que por ser a sua primeira, se mostrou um pouco mais desgastante, não?"

— Sim, mas a recuperação veio em seguida...

— Natural que seja assim, pois no exercício do bem, o que nos sustenta é o amor divino que envolve toda a criação.

— Amiga, ainda tenho outro ponto curioso sobre o jovem.

— Diga!

— As marcas em um dos seus braços, pelo menos aquele que estava a descoberto e o seu estado de abatimento profundo.

— Veja, Claudete, como o desencarne não altera pura e simplesmente o que impomos ao nosso corpo mais sutil, que denominamos como você bem sabe de Perispírito.

"O que promovemos em nossa estada quando no planeta, vincamos este envoltório sutil e também os demais, comprometendo-nos diante de nós mesmos, pois apesar do tratamento recebido nestas instituições especializadas como a nossa, parte do que foi imposto, será carregado para outra existência, quiçá, outras.

"No entanto, a misericórdia do Criador agirá favoravelmente, e com o esforço do Espírito, secundado que é pelos seus amigos e mentores, alcançará resultados significativos no terreno evolutivo, colocando-se novamente no rumo da sua perfeição."

Eu estava impressionada com as informações que recebia daquela pessoa que me parecera tão simples, em atividade que eu poderia considerar a princípio comum, onde o meu envolvimento inicial ocorrera com muita dificuldade por valorizar-me intelectualmente. Contudo, eu recebia uma lição após a outra e, com certeza, essa era mais uma prova de que as aparências realmente nos enganam.

Agradeci sensibilizada o aprendizado, e nos retiramos aos nossos aposentos e, no meu caso, repetidamente, com mais um volume generoso de material para meditar.

CAPÍTULO 33

Orientações e reflexões

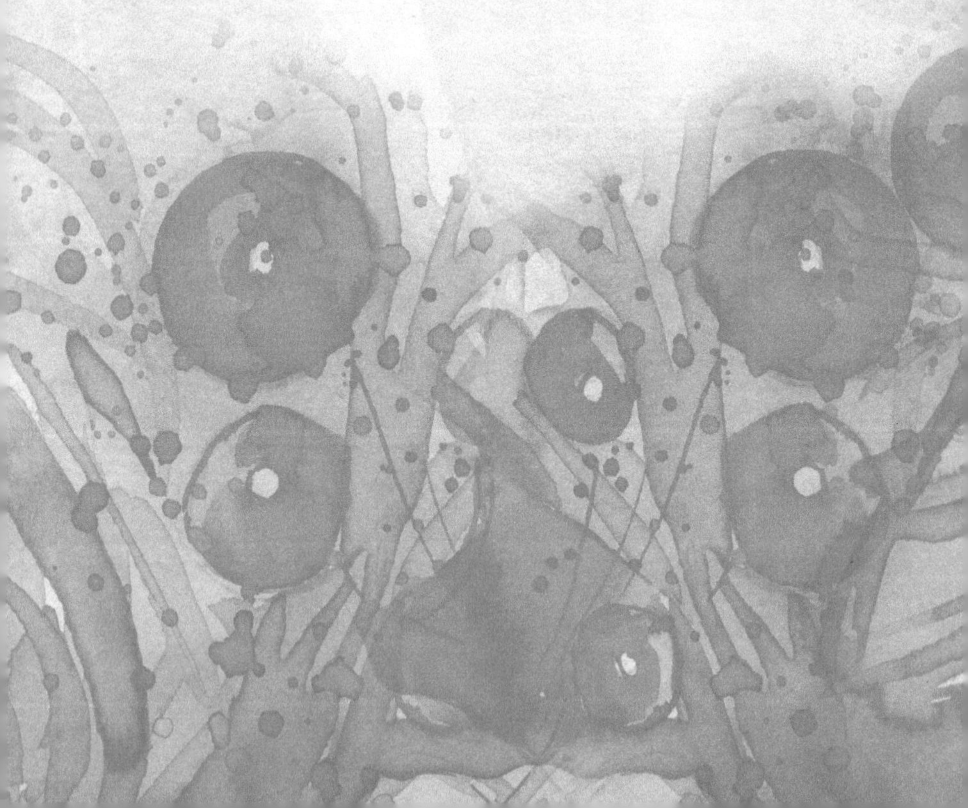

Os dias, as semanas e os meses se sucederam entre aulas pela manhã, das sete às nove, para logo após entrarmos em expediente junto à Cremilda e, posteriormente, irmos até as nossas tarefas de assistência aos nossos irmãos desencarnados em completa inconsciência.

Os momentos que eu possuía para o lazer, voltei à pesquisa e estudos em nossa biblioteca, farta em obras dedicadas a todas as áreas do engrandecimento do Espírito e, interessante sempre foi notar que eu encontrava volumes voltados ao crescimento das atividades relacionadas ao planeta, com os óbvios desdobramentos mais avançados em nossa dimensão.

Tínhamos de tudo para todos, e em minhas pesquisas, até mesmo a área em que eu militava quando no planeta, possuía obras para consulta, contudo, com as expressões superiores do que era ligado à verdadeira justiça e não aos arranjos que por vezes fazemos, isentos do que está atrelado à Justiça Divina, que é essencialmente educadora do Ser.

Em outras oportunidades, os encontros com a Celina eram sempre engrandecedores, pois além do incentivo ao conhecimento, eram momentos de profunda troca de energias superiores, nas conversas que se alongavam, sendo que ela estava sempre cercada de outros companheiros nossos interessados nos assuntos mais diversos.

Por vezes, eu, ela e a Cremilda abordávamos aspectos relacionados ao nosso serviço assistencial aos nossos irmãos internos, porque eram raros aqueles que despertavam, e mesmo quando isso ocorria, em sua maioria, limitavam-se a achar que se encontravam em tratamento especializado em hospital, clínica ou posto de saúde.

Para esses casos, o melhor segundo as orientações que recebíamos com regularidade era dar o de acordo, sabendo que seriam logo preparados para uma outra existência planetária, para darem continuidade em seus processos evolutivos, sem que fossem feridos seus conceitos básicos de vida, mesmo que eles estivessem sendo vistos como apenas uma única passagem pela Terra.

Interessante era notar como a sabedoria Divina não nos impõe coisa alguma, pelo incomensurável amor do Nosso Pai, que respeita a liberdade de seus filhos, aguardando pacientemente que despertemos em nós mesmos e, por nosso esforço próprio, façamos a caminhada em direção ao exercício pleno do amor.

Diante de tantos ensinamentos e oportunidades, eu manifestava em minhas preces a gratidão em ter-me aberto para a realidade da vida, dos objetivos de crescimento interior, depois de uma mal sucedida experiência, onde os valores mais simples haviam sido literalmente deixados de lado para única e exclusivamente poder cuidar de uma carreira, sem prestar a devida atenção de que a vida nos oferece um conjunto maior de aprendizado, a começar do relacionamento com os nossos semelhantes, e também com a natureza que nos cerca, pois somos seres pertencentes ao todo e não apenas limitados em nós mesmos.

Por vezes, surpreendia-me com as inspirações recebidas, aproveitando ao máximo esses avisos do mais Alto, incluindo também as intuições das experiências que eu hoje entendia haverem existido e que, de uma maneira ou outra, haviam contribuído para que eu me encontrasse neste estágio de aprendizado.

O quanto ainda teria que me desafiar para chegar talvez próximo de uma valorosa criatura como a Cremilda ou da também e muito estimada Celina, fora outras pessoas com as quais eu me relacionava e que acrescentavam tanto na minha nova vida?

Eram sublimes esses momentos de reflexões com todo o material que me era ofertado, não apenas no campo teórico, mas principalmente, nos períodos do serviço de voluntariado que tanto me acrescentava.

Sentia-me feliz e grata, porque passava a compreender que a felicidade se relaciona ao sermos úteis para nós mesmos, quando somos úteis para a vida, seja através do semelhante ou da criação que refulge à nossa volta, nos conclamando a sermos um pouco melhores a cada dia.

E neste item, em melhorarmo-nos, trabalho no bem não faltava para quem se candidatasse a ele, e pelo menos nesse particular, aquilo que eu poderia chamar de qualidade em dedicar-me às tarefas, agora conscientemente e não doentiamente, fazia-me sentir mais senhora de mim mesma.

Não foi nem uma nem duas vezes que eu cheguei a dizer para mim:

"Ah, se eu houvesse me dado um minuto que fosse na minha sanha diária para ouvir o apelo do coração e alterar rotas que me fizessem crescer em outras áreas, não teria desperdiçado uma encarnação inteira."

Para a minha felicidade, quando essas autoacusações começavam a querer ganhar corpo, a Cremilda e a Celina, essas duas queridas amigas e verdadeiras irmãs, me ofertavam maiores chances de trabalho no bem.

CAPÍTULO 34

Iluminado convite

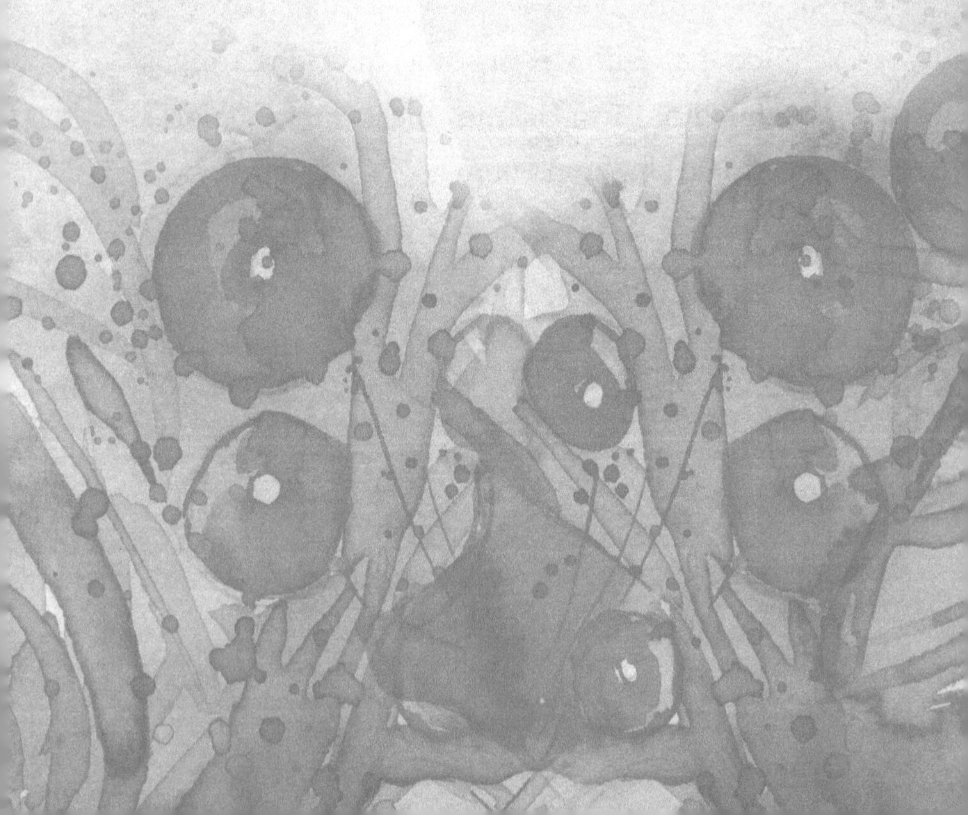

A vida costuma nos reservar agradáveis surpresas quando nos encontramos equilibradas em nosso íntimo.

Essa foi a lição ministrada pelo Eduardo naquela manhã de segunda-feira, baseada que estava no Evangelho de Jesus, em Mateus 6:33: *Mas, buscai primeiro o reino de Deus, e a sua justiça, e todas estas coisas vos serão acrescentadas.*

Passei praticamente o dia todo, durante os meus expedientes e parte da noite, refletindo no ensinamento apresentado, pois comprovava a realidade dele na minha própria vida, a partir do instante que procurei iniciar a conscientização a respeito da existência de todos nós, como Espíritos imortais.

A busca e o encontro com o meu Eu interior comprovava essa realidade de uma advertência feita há mais de dois mil anos, onde esse tesouro divino descoberto em nós, deuses em formação, trazia toda a lógica em sermos atendidos no que necessitamos e não necessariamente sobre o que pedimos, pois nem sempre, sabemos realmente pedir.

Natural que essas comprovações digam respeito a cada um em particular, e no meu caso, Espírito ainda em fase de esforço contínuo, sigo no caminho que se mostra por vezes pedregoso, por conta da minha invigilância quando procuro substituir hábitos arraigados há séculos ou talvez milênios, construídos que foram no egoísmo e no orgulho.

Porém, como o Senhor não nos desampara nunca, recolhi-me ao leito naquela noite meditando sobre os valorosos conceitos da Boa Nova, e praticamente já me encontrava em sono profundo quando fui despertada por um leve toque na porta do meu aposento.

Levantei-me e fui surpreendida com a visita da Celina, que gentilmente desculpou-se por estar interferindo em meu repouso àquela hora, mas ela trazia notícias de importância para mim.

Solicitou que eu me preparasse convenientemente para receber alguns irmãos nossos, que desdobrados de seus corpos físicos pelo processo do sono natural, apresentavam-se em uma rápida passagem.

Atendi aceleradamente, pois considerava de importância um chamado da nobre enfermeira, que não estaria à minha porta caso não fosse ocorrência de vital importância.

Ela preferiu aguardar-me do lado de fora do meu quarto, não dando ocasião para os meus óbvios questionamentos a respeito de quem se tratavam essas pessoas.

Logo à minha saída, quase desabei na frente de todos dada a feliz surpresa. Estavam me aguardando os meus pais, na companhia do José Carlos, o Zequinha, e uma linda jovem, de nome Clarissa, que me foi apresentada como sua noiva.

Impossível descrever momentos tão sublimes experimentados em abraços e beijos com a emoção daqueles instantes iluminados.

Demorei para me recompor à frente de todos, e não seria para menos, até que o meu pai, tomando a palavra, informou:

– Minha querida, estávamos programados para essa visita já faz algumas semanas, contudo, aguardávamos as instruções do nosso estimado Doutor Otto, para que pudéssemos vir todos juntos.

– Que bênção, meu pai. Eu não poderia ser mais grata do que sou por recebê-los.

Desta vez foi minha mãe, que possuindo uma clareza ainda maior, deu continuidade:

– São momentos de luz para todos nós, realmente, minha filha. Principalmente para a missão que aguarda o nosso Zequinha e a Clarissa.

– Não diga?

Ele mesmo procurou explicar sorrindo:

– Sua mãe é por demais generosa em colocar-nos como missionários, quando não passamos de simples Espíritos tarefeiros.

"Entretanto, tenho como proposta receber daqui há alguns anos, meu genitor...

Não o deixei concluir para parabenizá-los, quando a Celina procurou informar.

– Porém, o casal tem mais um ponto que irá exigir de você uma análise e, se quiser, posterior resposta.

Olhei interrogativamente para o meu interlocutor, sendo que desta vez foi a sua noiva que continuou tranquila e sorridente:

– Sim, pela nossa programação, em realidade poderíamos eu e o meu futuro marido, recebermos um casal de gêmeos, trazendo para nós a felicidade completa. A menina, segundo nos foi autorizado, e caso haja concordância, poderia ser você, enquanto os seus pais irão nos acompanhar da dimensão espiritual velando pelo sucesso de todos nós, incluindo o seu irmão César, que encontra-se em dimensão superior, segundo as informações que recebemos recentemente através do Doutor Otto.

Como a Celina estava um tanto mais próxima, procurei apoiar-me em seu braço para não ir diretamente para o piso do ambiente.

Respirando profundamente, já com as lágrimas que passaram a correr em abundância sobre o meu rosto, buscando controlar as palavras, eu respondi:

– Meu Deus, que honra!

Fiz um esforço enorme para não ajoelhar-me na frente daquela criatura que me oferecia uma nova e iluminada oportunidade no planeta, sem que eu pelo menos tivesse qualquer lembrança de um relacionamento anterior.

A Celina, sempre vigilante e dando mostras que captava mentalmente o que ocorria entre todos, interferiu generosamente, dizendo:

– Minha querida Claudete, o bem que fazemos aos nossos semelhantes, nós não podemos avaliar o alcance e os seus efetivos resultados. O mais significativo neste momento é abrirmo-nos à prece de gratidão ao Senhor pelas chances renovadas, e também para que os nossos irmãos e irmãs possam retornar aos seus corpos, e você ao seu repouso, porque, como pode ser visto, muitos desafios nos aguardam, não apenas nos próximos anos, mas em toda a nossa caminhada. Oremos então: "Pai Nosso..."

Para maiores informações sobre as obras
e atividades do autor, consulte os sites
pelos endereços ou apontando
seu celular para os QR Codes:

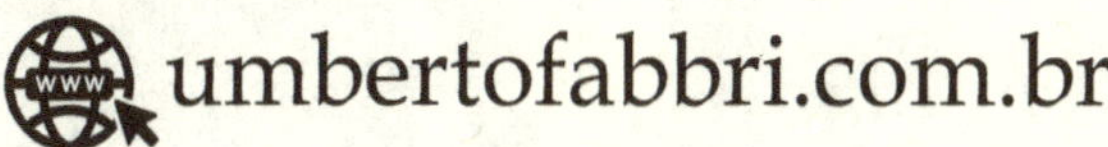

CONHEÇA OUTRAS OBRAS DO AUTOR:

EM INGLÊS:

CONHEÇA OUTRAS OBRAS DO AUTOR:

EM PORTUGUÊS:

CONHEÇA OUTRAS OBRAS DO AUTOR:

EM PORTUGUÊS:

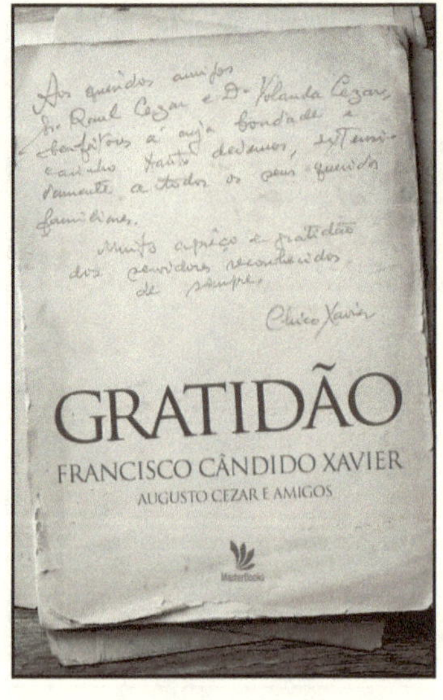

www.ingramcontent.com/pod-product-compliance
Lightning Source LLC
LaVergne TN
LVHW041159150826
845673LV00001B/221

* 9 7 9 8 8 4 4 2 4 5 8 7 9 *